Yasue Takahashi
髙橋靖恵 〔監修〕
Minako Nishi
西 見奈子 〔編〕

心理臨床における「見立て」

こころの支援にむけて
見立ての本質的意味を探究する

福村出版

JCOPY 〈出版者著作権管理機構 委託出版物〉

本書の無断複写は著作権法上での例外を除き禁じられています。複写される場合は，そのつど事前に，出版者著作権管理機構（電話 03-5244-5088，FAX 03-5244-5089，e-mail: info@jcopy.or.jp）の許諾を得てください。

目次

序　章 ● **西　見奈子**　　　　　　　　　　　　　　007

　1. 本書の位置付け
　2. 見立て小論
　3. 本書の構成

第1部　精神力動的な見立て

第1章
精神分析的な心理アセスメントがもつ治療的な意義と
セラピストのこころの機能 ● **日下紀子**　　　　016

　1. 心理アセスメントの意義
　2. 臨床素材
　3. Aとのアセスメント・フィードバック面接での治療的意義

第2章
アセスメントの観点 ● **淀　直子**　　　　　　028

　1. 生きた"人となり"が浮かび上がってくる見立てを求めて
　2. アセスメント面接で何をするのか
　3. アセスメントの観点
　4. まとめにかえて

第3章

見立ての盲点──セラピストが回避する性愛という情緒 ● **西尾ゆう子**　041

1. 「見立てらしきもの」から「見立て」への道のり
2. 性愛の情緒を見立てることの困難
3. 本論のまとめにかえて

第4章

心理的支援を受けるモチベーションが
曖昧なときの見立て ● **元木幸恵**　051

1. モチベーションについて
2. 心理的支援におけるモチベーションの見立て
3. 事例
4. 改めて，モチベーションを見立てるとは

第2部　見立てにおけるイメージの活用

第5章

非言語表現の見立てと支援方針をめぐって
──心理臨床家が自戒すべきこと ● **新居みちる**　064

1. 問題と目的
2. 「ことば」と「非言語表現」の種類
3. 言語至上的見立てと支援方針の弊害
4. CIの「ことば」に寄り添うために

第6章

身体で，「見立て」る ● **鍛冶美幸**　077

1. 「見立て」における身体への注目
2. 精神分析における身体と「見立て」

3. 見る／見られる身体の「見立て」
4. 臨床素材
5. 身体を信じて

第7章

主体のありかたの見立ての試み
——「垂直性をめぐる動き」と「水平性をめぐる動き」から ● 小山智朗　　088

1. 見立てとは何か
2. 「垂直性をめぐる動き」,「水平性をめぐる動き」とは何か
3. 「垂直性をめぐる動き」,「水平性をめぐる動き」からの見立ての実際
むすび

第8章

臨床実践指導における見立てのアクチュアリティ ● 浅田剛正　　102

1. 「見立て」のアクチュアリティ
2. アクチュアルな関与を妨げるモノとは
3. 個の感性に基づくクリニカル・ヴィジョンを培う
4. 臨床実践指導におけるアクチュアリティ

第3部　見立ての実践

第9章

ロールシャッハ法を見立てに活かす
——イメージカード選択段階に注目して ● 石井佳葉　　116

1. 見立てにおけるロールシャッハ法の位置づけ
2. 臨床素材
3. 考察

第10章

心理臨床の営みに生かす環境の見立て
——知的障害の特別支援学校で思春期を支える協働実践から ● **長谷綾子** 127

1. 心理臨床をとりまく環境を見立てる
2. 知的障害の特別支援学校における心理的支援の現況
3. 協働実践例
4. 知的障害の特別支援学校で思春期を支える：環境の見立てと協働実践
むすび

第11章

児童福祉領域における見立てと支援 ● **佐々木大樹** 140

1. 見立てと支援の前提
2. 児相における見立てと支援
3. 2種の目標
まとめ

終　章 ● **髙橋靖恵** 153

1.「見立て」の重層性
2.「見立て」の相互性
3. あらためて振り返る自我心理学からの学び
むすび

序　章

西　見奈子

1. 本書の位置付け

　本書は，髙橋靖恵教授のご退職を記念して編まれたものであり，『心理臨床における「見立て」』と題されている。髙橋の研究はコンセンサスロールシャッハの研究をその始まりとする。コンセンサスロールシャッハとは，家族を対象にロールシャッハ法を施行するもので，反応を決定するうえで，家族間でどのようなコミュニケーションがなされ，またそれぞれの家族成員にどのような感情表現が生じるのかという点から，家族の力動を読む査定方法である。これがいわゆる心理査定と言った際に一般的に想像される，個人の特性を測るもの，たとえば不安の強さや抑うつの程度，知能指数や認知の偏りといったものを超えるアプローチであることは明らかである。コンセンサスロールシャッハという査定方法は，個人というものを成立させているのが，内的資質だけではなく，その個人を取り巻く人とのコミュニケーションや関係性であるという考えを前提とした査定方法なのである。

　誰かが心の病を患うとき，彼や彼女が周囲と織りなすコミュニケーションに注目することがその心の理解の手がかりとなる。こうした考えは，精神分析における対象関係論の広がりとともに，今でこそ臨床心理学全般でも広く知られ，共有された視点であるが，髙橋が研究を始めた1980年代にはまだまだ浸透していなかった考え方であったことだろう。彼や彼女が織りなすコミュニケー

ションを査定する視点は，目の前にいる私とのコミュニケーションにおいても同様である。私とあなたの関係に起きているものこそがあなたを深く理解するための最大の手がかりだという考えは，髙橋が研究の始まりから一貫して重視している姿勢である。

　さらにコンセンサスロールシャッハの使用において，髙橋が強調するのは，そのフィードバックにある。「実施することが目的ではなく，それをいかにフィードバックし，クライエントとその家族の心理的援助に活用していくかが最も重要」（髙橋，2012）と述べるように，その主眼は結果のフィードバックを通して，クライエントの自己理解を促進することにある。それは見立てを行うという過程そのものが1つの心理的支援であることを指している。

　本書に何度も登場するが，心理臨床で「見立て」という語を初めて用いたのは，精神分析家の土居健郎だと言われている。その土居によると，見立てとは，「診断・予後・治療について専門家がのべる意見をひっくるめて呼ぶ日常語」（土居，1977）であり，「専門家が患者に告げる病気についての意見の総体」（土居，1997）である。ここで重要なのは，見立てとは，単に臨床家が心の中で診断名を考えたり，治療予測を立てたりすることではなく，それを患者にどのように伝え，それがどのように患者に理解されるのかということまでをも含めた事象であるということだ。そこでは，治療者は患者のパーソナリティや病態水準の理解とともに，それをどのような言葉で，どのような態度で，あるいはどのような口調で伝えることが，患者に伝わるのかを考え，その場で実践するというプロセスが必要となる。土居はそのことを簡潔に次のように表現する。

　「見立て」は診断的なものを含んでいるが，しかし単に患者に病名を付することではない。それは断じて分類することではない。それはここのケースについて診断に基づいて治療的見通しを立てることであるとともに，具体的に患者にどのように語りかけるかをも含むものであって，きわめて個別的なものである。それは患者についての判断を提供するものであるとともに，同時に判断する治療者の資質と経験がそこに浮かび上がる仕組みとなっている（土居，1996）。

土居（1996）が述べている通り，見立ての良さ，は治療者が判断することではなく，患者が判断するものである。治療者が伝える言葉がどのように心に届いたかを患者が判断するのである。髙橋の新著のタイトルは『心理臨床実践において「伝える」こと——セラピストのこころの涵養』（2024）であった。心理臨床においてクライエントにいかに伝えるかということに心を砕いてきた髙橋が退職を記念した本書のテーマに「見立て」を選んだのは当然のことかもしれない。

2. 見立て小論

(1)「見立て」という言葉から考える心理臨床の見立て

詳しくは後述するが，本書では見立てについてさまざまな切り口からの論考が提示される。ここで見立てという用語の整理も兼ねて，簡単に見立てについての私見を述べておきたい。

「見立て」という言葉はアセスメントとも違う。診断とも違う。先述したように，臨床心理学の分野で見立てという言葉を最初に使ったのは土居健郎だと考えられている。もともと見立ては臨床心理学独自の言葉ではなく，さまざまな日常場面でも用いられる，日本で長い歴史をもつ言葉である。その古くは古事記にも登場することが知られている。それは古事記の最初の場面であり，天からイザナギとイザナミが自凝島に天くだって，国産みをしようとするところに「見立天御柱，見立八尋殿」（西宮一民編『古事記　新訂版』（1994）による）として認められる。この古事記における「見立て」の理解は難解で，解釈は諸説ある。

筆者は門外漢であるため，それぞれの説の是非を問うことはできないが，臨床家として興味深く思うのは，矢嶋（1999）による解釈である。矢嶋（1999）は「見立て」における諸説を①普通に立て，作る，②実際に立てるのではなく，なぞらえる，③無から出現させて立てる，④発見する，の4つに分類したうえで，

何もないところに「天之御柱」と「八尋殿」を出現させたという③説の有用性を説いた。その理由の1つとして，古来から「見る」行為には事物を出現させ，姿を表させるという呪性，呪力があると考えられてきたことを挙げている。

　こうした視点から「見立て」を考えるなら，対象があるから対象を見立てるわけではないということになる。すなわち，見立てを通じて対象は初めて出現するのである。こうした感覚は極めて臨床的な感覚に通じるものだと思う。心という見えないものを取り扱うところにおいて，その様相は簡単に見えるものではない。その人を見ているからといって，その人が見えるわけではない。しかし，臨床場面で会っていると，その人が見えてくる瞬間がある。何もなかったところにその人の姿がくっきりと立ち現れる瞬間がある。見立つ瞬間が確かに臨床にはあると思うのである。

　松木は『転移覚書——こころの未飽和と精神分析』（松木，2024）において，精神分析における4つのパラダイムシフトを示した。その1つが「聴くこと」から「見ること」へのシフトであった。松木がそこで述べているように，現代の精神分析においては治療者の視覚体験，すなわち治療者の心の中に浮かび上がる心像が注目されるようになった。これは患者の話をいかに丁寧に聞き，理解するかという従来の考えとは大きく異なるものであり，患者の話を聴くことで，ある種のイメージが湧き起こる，すなわち患者の姿を見立つ瞬間が飛来し，そこで理解が生じるというモデルである。

　従来，精神分析では視覚像を重視してきた。たとえば，Freud（1918/2010）の事例であるウルフマンもそうであろう。彼の報告した夢，胡桃の老木の上に大きな尻尾をもつ真っ白い狼たちが耳をピンと立てているという描写は印象的なもので，患者であるウルフマンはそこから多くを連想し，Freudもさまざまな解釈をその場面から得ている。おそらくこのシーンはFreudと患者の間で共有され，分析場面において患者の心にも，また治療者の心にも飛来していたものだったことだろう。そうした視覚像を手がかりに患者の心を理解するというあり方は，Bion（1962/1999）による治療者の物想いという姿勢の重視とともに，近年，さらに注目を集めている。こうした理解における視覚性の強調は，「見立て」という言葉を用いてきた日本の心理臨床には非常に馴染み易いものかも

序　章

しれない。

(2) 見立てにおいて考えるべきこと

　そうだとするなら，臨床場面でただ視覚像が飛来するのを待てばよいかというと，それは古事記のようにはいかない。残念ながら，私たちはイザナギとイザナミではないのだから，見るだけでは見立つことはできない。とすれば，一体，臨床場面で臨床家には何が必要だろうか。臨床家が考えるべき具体的な指標はあるだろうか。

　おそらくそこで考えるべきは，私たちが見立てにおいて，何を見立てるべきかということだろう。多くの視点があるだろうが，最も重要なのは患者の心を見立てるということであろう。それでは患者の心はどうやって知ることができるのか。筆者の知る限り，そこに最も有用な視点を与えてくれるのは，精神分析的精神療法家である Nina Coltart である。彼女はアセスメント面接で見るべき視点として以下の9つを挙げている（Coltart, 1993/2007）。

①患者自身による，自分が無意識的な精神生活をもっており，それが自分の考えと行動に影響を与えているという，暗黙の，あるいは明確な認識。

②必ずしも年代順である必要はないが，自覚をもって生活史を述べることができる能力。

③査定者から促されることなく，自分の人生の出来事やそれらの意味について，何らかの情緒的な関連性を伴って述べる能力。

④記憶を，それと釣り合った情緒的な関連性を伴って再生する能力。

⑤自分の物語から時には離れて査定者との短いやり取りを助けとして，それを熟考する能力。

⑥自分自身と自分のパーソナルな発達に対して，責任をもとうとしている傾向が見られること。

⑦イメージ，比喩，夢，他の人々への同一化，感情移入などで表現される想像力をもっていること。

⑧何らかの希望的兆候と現実的な自己評価。これはかすかなものかも知れず，

特に患者が抑うつ的であるときはそうかもしれないが，重要なものである。⑨査定者との関係が発展しているという全体的な印象。

　Coltart はこれらを「心理的な資質」として，精神療法に適していると考えるためには少なくともこの9つのうち3つか4つの特徴を備えるべきだとしている。ここに書かれているのは，人が心を使っておこなっている作業の数々である。さらにその人がそうした心というものを知っているのか，知っていたとしてうまく使えているかを判断し，その程度を知るための項目である。ここから考えると，心理療法が行っているのは患者が心を通して行っている作業を支えることであり，そこで失われている機能を取り戻すことでもあると言えるかもしれない。その意味で，この心理的な資質を測るための9つの指標は，心理療法の適用の基準に留まらず，見立てにおける不可欠な指標と考えられるものなのである。

3.　本書の構成

　最後に本書の構成を述べておきたい。髙橋が指導を行ってきた京都大学大学院教育学研究科臨床実践指導者養成コースは，臨床実践指導者すなわちスーパーヴァイザー養成を目的とする大学院の博士後期課程の独立講座であり，講座の目的は心理臨床におけるスーパーヴィジョンを高度な専門活動として可能にする訓練システムの構築・整備・検討・精緻化にある（皆藤，2014）。授業の中で，当然のことながら，見立ては頻出するキーワードであり，筆者らは幾度も見立てについて考え，議論を交わしてきた。本書の執筆者はいずれも髙橋の指導生であり，授業の中で，また髙橋の指導の中で，見立てを考えてきた人たちである。

　本書は3部の構成からなる。第1部は「精神力動的な見立て」として，日下紀子，淀直子，西尾ゆう子，元木幸恵が執筆した。見立てという言葉は臨床心理学全体で広く用いられているが，土居健郎に端を発するように，元来の位置

付けは精神分析，あるいは精神力動的なところにあると言って良いだろう。ここでは，その基本姿勢について，4名が独自の視点から論じている。特に見立てという視点から，精神分析が重視するものをそれぞれが整理して分かりやすく示したという点で有用であろう。

第2部は「見立てにおけるイメージの活用」として，新居みちる，鍛冶美幸，小山智朗，浅田剛正が執筆を担当した。私たちはクライエントの状態を考えるときに言語の情報に頼りがちである。どのような症状があるのか。家族とはどのような関係なのか。クライエントの語る言説に沿って見立てを立てることは当然であるような錯覚を起こしやすい。しかし実際の見立ては言語的な情報からのみ行うものではない。新居と鍛冶の論考は見立てにおける身体性に注目して見立てを再考している。一方，小山と浅田が注目しているのは，見立てという行為において立ち現れるイメージである。それらは決して固定した1つのイメージに留まらない，動きを伴うイメージである。それを小山は「垂直性をめぐる動き」，「水平性をめぐる動き」という2つの観点から，浅田は「アクチュアリティ（actuality）」という視点から論じている。両者がそれらを主体との関わりで考えようとしている点も共通するところであろう。

最後の第3部は「見立ての実践」として，具体的な実践現場における見立てを石井佳葉，佐々木大樹，長谷綾子が論じた。馬場（1997）は見立てを考えるうえで重要な臨床心理士という立場の特徴として，関わる対象が病気をもつ人，あるいはもたない人，大人から幼児まで非常に広いことを指摘している。さらに馬場はKorchin（1976/1980）を引用して，その関わりには心理療法だけではなく，指導助言，コミュニティケアを含め，11種類の関わりがあり，その関わり方も多様であることを論じている。こうした傾向は，多様化する現代の心理臨床においてさらに高まっていると言えよう。

その一方で，そうした現代の多様化する心理臨床の現場は心理臨床の本質が見えづらくなっているという声がしばしば聞かれる。いわゆる心理面接や心理査定を行わない現場も増えているが，そうした現場でこそ心理臨床の本質を臨床家が見失わないために見立ては必要なものであろう。ここでは三者がそれぞれの立場から，見立てを通して見えてくる心理臨床の本質について語っている。

見立ては特に患者との出会いにおいて問題になるものである。前田（1985）は心理面接とは出会いの心理学だと表現した。「面接者は，相手とただひたすら，出会うことだけを考える。その際，相手の外見や表現に出会うのではなく，こころの核心に出会うことを志す」のだと言う。日々，クライエントと出会い，その心の核心を見立てようと奮闘している臨床家に本書が届くことを願いたいと思う。

●文献

馬場禮子（1997）．心理療法と心理検査．日本評論社．

Bion, W. R.（1962）．*Learning from Experience*. Basic Books. 福本修（訳）（1999）．経験から学ぶ．精神分析の方法Ⅰ──〈セブン・サーヴァンツ〉．法政大学出版局．

Coltart, N.（1993）．*How to Survive as a Psychotherapist.* Sheldon Press. 館直彦（監訳）藤本浩之・関真粧美（訳）（2007）．精神療法家として生き残ること──精神分析的精神療法の実践．岩崎学術出版社．

土居健郎（1977）．方法としての面接──臨床家のために．医学書院．

土居健郎（1996）．見立ての問題性．精神療法，**22**（2），118-124．

Freud, S.（1918 [1914]）．*From the History of an Infantile Neurosis.* 須藤訓任（訳）（2010）．ある幼児期神経症の病歴より「狼男」 フロイト全集 14．岩波書店．

皆藤章（編）（2014）．心理臨床実践におけるスーパーヴィジョン──スーパーヴィジョン学の構築．日本評論社．

Korchin, S. J.（1976）．*Modern Clinical Psychology: Principles of Intervention in the Clinic and Community.* Basic Books. 村瀬孝雄（監訳）（1980）．現代臨床心理学──クリニックとコミュニティにおける介入の原理．弘文堂．

前田重治（1985）．図説　臨床精神分析学．誠信書房．

松木邦裕（2024）．転移覚書──こころの未飽和と精神分析．岩崎学術出版社．

西宮一民（1994）．古事記　新訂版．桜風社．

髙橋靖恵（2012）．コンセンサス　ロールシャッハ法──青年期の心理臨床実践にいかす家族関係理解．金子書房．

髙橋靖恵（2024）．心理臨床実践において「伝える」こと──セラピストのこころの涵養．福村出版．

矢嶋泉（1999）．古事記「見立」小考．青山学院大学文学部紀要，**40**，21-31．

第 **1** 部

精神力動的な見立て

第1章

精神分析的な心理アセスメントがもつ治療的な意義とセラピストのこころの機能

日下 紀子

　心理臨床実践では，常にクライエントがなぜその臨床現場を訪れているのか，いったい何に悩んで何を求めて来談しているのかを見立てることが私たち心理職に求められる。悩んでいるのは本人か周りの人なのか，いずれにしろ私たちの目の前にいる人は何らかの生きづらさを抱え，こころは傷ついている状態だろう。それはどのような生きづらさであり，こころの傷つきと回復はどのように考えられるだろうか。

　初回面接では，クライエントの多様な不安や葛藤が凝縮された形で持ち込まれることが多い。今ここで何をどのように語るのか，語らないのか。その持ち込まれたものすべてにいろいろな意味がある。だからこそ，クライエントがいまどのような思いで自分の目の前に存在しているのか，五感を研ぎ澄まして感じ，自らのこころに問いかけながらクライエントのこころに出会おうと試みる。

　松木（2016）は「こころに出会ったところで，こころに触れたところで，私たちに何ができるのか？　私たちにはほとんど何もできない。できることはそのひとのこころの事実を見つめ，もの想い，そして伝える。それだけである。けれども，そのひとが何かを感じ取り，考え始め，それからそのひとの中の何かが変わるかもしれない」，「無力に始まるこの達成を，精神分析は，葛藤し，試行錯誤し，追求してきた」という。それは決してたやすいことではない。その困難な道のりを歩み始めるには，必ずクライエントの見立てが必要である。

筆者は，特に無意識を重視した精神分析的，力動的なるオリエンテーションで
臨床実践を継続している。こころに出会う精神分析的な心理アセスメントの治
療的意義とセラピストのこころの機能について本論文では考えてみたい。

1. 心理アセスメントの意義

(1) 精神分析的な心理アセスメント

　アセスメントとは，もともとは評価や査定を意味する経済用語である。たと
えば，ある人物の財産について「不動産は土地や建物がどのくらいあるか，動
産は株や債権，現金がそれぞれいくらくらいあるか」など，資産の様子を評価
するときに用いる。これを心理学用語として用いるとき，心理職が対象とする
のは，悩みや葛藤を訴え，あるいは病気や環境への不適応行動を生じている
「人」そのものである。生きづらさを抱えている目の前の人の心身を統合した
人格全体へのかかわりを目的として，その人の能力，パーソナリティ，生きづ
らさについて「見立て」るのが心理アセスメントである。
　土居（1992）は，「見立てというのは，診断・予後・治療について専門家が
述べる意見を引っくるめて呼ぶ日常語である」，「見立ては専門家が患者に告げ
る病気についての意見の総体である」と定義づけた。これは「専門家しかわか
らない専門家のためだけの学問的な意見よりも，治療に関する限りは，はるか
に重要」であり，「見立て如何で治療の成果は大きく左右される」。土居
（1992）によれば，患者の問題をただ鵜呑みにせず，「効果的な見立てとなるた
めには，患者の受診理由に出発しながら，それを生起せしめた背後の心理を，
あたかも扇の要のごとく，というのはさらにそこから遡って患者の全貌を探る
ための問題点として把握」し，「しかもそこで問題として把握されたものが患
者にとっても問題として理解されるのでなければならない」のである。これは
見立てを患者とどのように共有するのかというフィードバックの問題にもつな
がる。

第1部　精神力動的な見立て

　ところで妙木（2010）は，相談に「連れてこられる」と「自分で来る」の2つの局の間にさまざまな出会いを決定する文脈があり，ここで「安心を求める気持ち」と「ひとりでいたい気持ち」の2つを想定して心理療法がどのような文脈を前提にしているかを考えるよう説いた。さらに必ずしも悩みはその人のこころの中にあるとは限らず，こころの中と外，人の中と外の「間」にあるなどを見立てることが重要であるという。そのとき気を付けるべきは，錯綜した文脈は，人との出会いを非常に複雑にし，安全な居場所づくりの妨げになることである。

　紹介されて来談したのであれば，紹介先やその径路にその人がもつ対象関係の在り方や無意識的空想が反映されやすい。クライエントはセラピストに万能的な期待を抱いたり，脱価値化したりすることもあれば，セラピストも期待や気負いを感じて圧迫される場合もあるだろう。初回面接では，双方の無意識的空想をふまえながら，クライエントの不安や欲動がどのように蠢いているのかを理解することが重要である。髙橋（2024）は「大切なことは最初の言葉にある」として，前田（2020）の言葉を引用しながら「初回面接あるいはアセスメント面接でクライエントがはじめて語る言葉」の重要性を説いている。

　さらに乾ら（2023）によれば，力動的アセスメントを実践するうえで，生じている問題・症状に着目して客観的な事実を「訊く（ask）」ことと，生じている問題・症状の背景にあるその個人にとっての意味に着目して主観的な体験を「聴く（listen）」ことが同時に求められる。つまり「客観的な事実を認識する冷静な心と，クライエント特有の体験に耳を傾ける温かい心という，複眼的な心（観点）をもつこと」が心理職には必要である。

(2) こころに出会うアセスメント：アクティブ・コンテイニング

　松木（2016）は，精神分析臨床でのこころの理解は，私たちの感情（feeling & emotion）や感覚（sense）を生かして初めて成し遂げられるという。私たちと患者の感情や感覚が出会うとき，私たちは彼・彼女のこころに触れていると感じ，そこから始まる。知的な認知は，そこに付与されて，私たちの理解をこころに収める手助けをするが，知的認知が先走るところには真の理解は生じず，私た

ちが既得している前概念をただ当てはめ，あたかもわかったかのような理解が発生するだけだという。だからこそ私たちは，自分の目の前の人が語り表すことに能動的に忠実についていく。受動的で受け身的な共感ではなく，クライエントの話を能動的に傾聴しながら，これはどういうことだろうとわからなさや問いをもつことを通して目の前の人の臨床像と語りから何を伝えてきているのか，それを感じキャッチしていくプロセスがある。詳細に観察しつつ，時には明確化のために言語的介入をしながらその人の生きている文脈を読み取るように努める。

松木（2016）も「クライエントの世界にその人自身になり切って能動的に身を置くこと」だという。なぜ来所したのか，何を求めてきているのか，その主訴に耳を傾け，症状や訴えは一体何を表しているのか，いつから生じて，いつ誰が気づいたのか，誰がその問題（主訴）にどのように困り悩んでいるのかを能動的に相手の靴に足を入れるようにするのだという。

2. 臨床素材

次に心理アセスメントの実際について臨床素材を取り上げて考えてみたい。なお個人情報保護のために本質を失わない程度に改変を加えている。

（1）事例概要

30代既婚女性Aは，高卒後に就職し何度も転職してはすぐに「くたびれてしまい無気力になる」ことを主訴に自ら精神科クリニックを受診した。その主治医より心理アセスメントと心理療法を紹介されて筆者のもとに来談した。

初回面接でAが最初に語ったエピソードは，高校生のときから人付き合いが苦手で，勉強が難しくなってきても友だちにうまく頼れず，雑談もできずに不登校になったことだった。その当時，Aは心療内科クリニックを受診し，カウンセリングを受けたが，いわゆる抑うつではなく，何の対処もできないカウンセリングはあまり意味がないと感じ，通院を数回で止めた。

第1部　精神力動的な見立て

　その後，Aは，高校をかろうじて卒業し就職したが，仕事が長続きせずに転職を繰り返し，時には職場の人と合わずに2週間で退職することもあった。あるときからあえて短期派遣の職を選択して専門的な技術職を目指したりもしたが，結局はうまくいかなかった。数年前にも精神科クリニックを受診したが，「話を十分聞いてくれなかった」とAは1回で受診を止めていた。

　今回は，「特に電話が苦手で聞き取りが怖く，職場では，ぼーとしてしまい，会社にいるのに仕事に取り組めない，ペンが持てなくなるくらいしんどくなった」，「集中力が切れると，お局さんをどう言いくるめようかなどずっといろいろ妄想し，考え続けてただ座っているだけとなっている」自分に気付き，会社にも出勤できなくなり精神科を受診した。

　ここまでの経緯から筆者は，Aは，今後セラピーがもし開始したとすれば，高校時代と同様に，セラピストである筆者にもうまく頼れず，ここでもこころここにあらずの状態でいろいろ筆者をどう言いくるめようかと考え続けてただ座っているだけになるかもしれないと連想した。Aの受診歴からは，Aは話を聴いてほしいというニードはあるようだが，心理療法は何をするのか意味がわからずにいるだろうと感じられた。

　Aは，主治医から「パーソナリティ障害ではない。母子関係での共感不全があるのか，それとも脳の問題があるのか。雑談ができないのは社会性の問題なのかそうでないのか」と言われて来談し，自分を知りたいので心理検査を受けたいと初回面接で希望した。

(2) 精神分析的な心理アセスメントのプロセス

1) 初回面接から心理検査へ

　初回面接では，まず主訴に至る現病歴や生育歴を自由に語っていただき，その語りや選択されるエピソード，そこに含まれる対象関係や無意識的空想からAの生きづらさはどのようなものなのかに筆者は耳を傾けた。Aは，幼少期から人付き合いの苦手さがあり，一人でぼーとしていても，変わったことを言っても「Aは賢いから」と言われて周囲から受け入れられていたのでほとんど気にすることはなかったと述べた。暗記はもともと苦手で，自分から臨機応変な

行動ができず，雑談ができない，今何をすればよいのかがわからないのを自覚し始めたのは高校生になってからだと振り返った。

　これらのAの訴えは，いったい何を意味しているのだろうか。生来的・能力的な発達の凸凹があるのか，それとも対象を上手く使用できない依存をめぐる問題があるのか，社会性の問題やパーソナリティの偏りがあるのか，主治医の言葉も参考にしながら，Aの生きづらさを心理検査からも把握するために，ロールシャッハ・テストを含む投映法とWAISを実施した。Aは主治医から心理検査の説明を既に受けていたので，心理検査を含めたアセスメントの導入はスムーズであり，心理検査は別の心理職が実施し，筆者がアセスメント面接の中で心理検査のフィードバックを行うようアセスメント面接をアレンジした。

2）検査資料の解釈

　WAIS-Ⅲの結果は，VIQとPIQは100以上，FIQ=111，言語理解=104のほか，知覚統合，作動記憶，処理速度はどれも110を超える高値であり，ディスクレパンシーも有意差はなく，統計（数値）上のバラツキは認められなかった。ただし下位項目の凸凹は大きく，日常生活においてさまざまに支障をきたしている可能性があると推測できた。

　大局的に見ると，「知覚統合」，「作動記憶」，「処理速度」に強さを有し，図形パターン，機械処理等，視覚情報処理が優位な傾向があった。しかし「絵画完成」が4と極端に低く，A自身の関心，興味がないのか，常識的なイメージが十分にもてていないからなのか，違いや欠損箇所になかなか気付かなかった。また，どこに注意を向けて良いのかもわからないようだった。

　「計算」は，ほとんど問題を聞き返したように，聴覚からの刺激処理は若干弱く，「理解」は一応平均域にはあるものの，封筒問題では「何もしない」と常識から逸脱した返答をするなど，高能力を有している一方で本質を掴めていない回答，問いに対しても表面的な同義反復様の回答が特徴的だった。いずれも，コミュニケーションにおいて大きく逸脱した回答や振る舞いはないものの相手が問うているものをきちんと把握しにくく，Aのトータルな能力にはそぐわない答えの質が散見するため，Aと関わる人は，どこか違和感やギャップを

抱きやすいと推測した。

　AQ=35 点。他者の意図，他者の視点から理解することに困難性を有し，言外の意味を掴む，表情等から相手の思いを察することが難しいと示唆された。他者とのコミュニケーションもうまくいかず，自分のペースを乱されやすく，複数の作業を同時にこなしたりは難しい等，自閉的要素の強さが疑われる域である。新版 TEG3 では，A，AC 優位，FC 低位の N 型プロフィール。状況を客観的に的確に把握する力はあるものの，周囲の顔色や視線を気にして，ほとんど自己主張せずに迎合し，他者に対して優しく接するが，感情が抑制され，主体的にのびのびとは行動できないようだった。

　ロールシャッハ・テストでは，反応数 =30，F+%=71.4%，W：M=12：9，M：FM=9：1，M：SumC=9：6，（Fc + c + C'）：（FC + CF + C）=5：10.5，P%=20%，C.R.=10，Ⅷ～Ⅹ /R=46.7% のうち 1/3 は，Ⅹ図の反応で必ずしも生産性が高いとはいえない。形態水準は大きく崩れず，認知自体の歪みは見られない。非人間反応の多さ，濃淡刺激への感受性の高さは特徴的で，対人距離にも敏感かつ社会的で複雑な色彩刺激には受動的に流されやすい傾向が認められた。

　Ⅰ図では dd，dr 領域に反応し，かなり細かい箇所にも注目している。M 反応は 9 つで対人希求性は有しているが，形態反応のような静的な内容である。図版を全く回転させずに反応するなど，与えられた場面に対して受身的に反応する傾向が考えられた。直接に人と向き合うのは不安で，Ⅸ図の「鎧兜をつけている人」は，「鎧の一部が炎」と述べるなど，情緒刺激を適切に処理できずに情緒的に混乱する傾向は示唆された。

　他にも色彩図版でエンブレム反応や骨盤反応も散見され，情動コントロールの難しさと漠然とした不安があり，FM の少なさからも主体性の脆弱さが理解できる。

　バウムテストは，受動性・観察者の領域とされる左上方に非常に小さく「リンゴの実がなっている木」を描いた。内的な未熟さ，あるいは母親からの影響の強さが示唆される領域に位置し，枝もない成人型省略形の樹からは，現実世界で物事を処理していく力は一応示されるが，地面はなく現実に根差せずにいるようだった。また，樹木のサイズからは，かなり委縮した状況が表されていた。

家族画では，自己像を描かずに「夫がリビングでテレビを見ているところ」で，夫のみを描いた。「こちらから，いつもこっちに座って見ている」と描いた地点に自分がいると説明し，夫とはどこか別次元の世界に生きているようだった。やはり自分を含めた全体を見渡すことは難しく，夫や自分が目に見えるところしか視野に入らないようでもあった（机等は一部しか描かない）。

(3) 情報の統合

各検査についての効用と限界を認識したうえで，検査者が一貫した人格理解をもってテストバッテリーの各検査結果を統合することが重要である。環境（生活歴，母親あるいは父親の養育機能など，家族の周囲の環境）と神経的発達（発達発育歴，既往歴，知能）と心的発達（コミュニケーション能力，症状と関連したストーリー，葛藤のテーマ）から「発達の問題点の大枠の見取り図を描く作業がアセスメントの醍醐味」（Rustin et al., 1997/2007）である。

複数の心理検査の結果の統合は恣意的にならないように，そして心理面接の内容と照合しながら理解を組み立て，常にセラピスト自身のこころを客観視する視点も失わないよう心掛けるがその実現はとても難しい。主観と客観的データを常に照合し，訊く（ask）的な観点と，聴く（listen）的な観点からのデータが一人歩きしないように文脈をよみ，かつ視野を狭めないことが重要である。

Aの雑談の苦手さは，WAIS-ⅢやAQの結果に示された聴覚情報の作動記憶の弱さや興味関心の偏りから，周囲のコミュニケーションのテンポに乗り遅れ，会話の内容も把握できずにいることの表れではないかと見立てた。また，何がわからないかもわからないため，それらを気軽に周囲の友人に尋ねることもできずに取り残されてしまっていたのではないだろうか。思春期までは，勤勉に努力する学習の力によって蓄積された知能が本来の発達の偏りをカバーし，ディスクレパンシーが生じなかった可能性も考えられる。

(4) フィードバック面接

Aは，心理検査の結果を一人ではなく夫と共に聞きたいと希望した。その理由は「一人で聴くには不安があるから」だった。自分について夫にもちゃんと

第1部　精神力動的な見立て

理解してほしいが，自分で検査結果を夫に伝えられるか不安だとも語った。検査場面でも何度も質問を聞き直すＡからは，その不安とニードはもっともであると受けとめ，フィードバック面接は夫と同席にて行った。このとき髙橋（2024）が述べるように「可能な限り本人の了解のうえで，（中略）家族の適切な理解を促すフィードバック」を心掛けた。

　Ａの能力は，視覚情報処理に優れ，作業能力も高い優秀な段階であるが，聴覚刺激処理は不得手であるとともに，視野がかなり狭くなりがちであり，かつ注意の切り替えが難しいようだった。他者とのコミュニケーションでは，前述のとおり聞き直しが多いように作動記憶が不十分なうえに，語られている本質や文脈がきちんと把握できないため，言外の意味を掴むことは難しいのではないかと伝えた。Ａは，その言葉を聴きながら，他者や友人，家族との場面をそれぞれ想起しながら，腑に落ちたように頷き同意した。

　また封筒問題の質問に対しては，本質を理解していても「近くにポストがあるかどうかわからないからほっておく」と答えるように，「細かく考えすぎて身動きができなくなったりすることがある」ようだった。Ａは「場面を全体的に捉えて，自分で何ができるかを考えて主体的に行動することは難しく，受身的にしか振る舞えない」と中高生時の部活動で身動きできずに不全感を抱いたエピソードを語った。そのＡの特徴は，新版 TEG3 やバウムテストの所見にも顕著に表れていて，その結果説明にもＡは同意した。

　このように全体的な処理能力が高く「できる賢い人」として期待されるＡは，実際にはうまくアウトプットできずに自分の内で考えをぐるぐる巡らせ，かなり偏りのある認知や注意のもち方をする自分を振り返った。その背景には，初回面接で語った「お気楽でファンタジーの世界に生きている子どもみたいな」母との関係でＡの不安や情緒をコンテインされ照らし返されることが乏しかった影響があるようだった。Ａは，母自身が「自分の話ばかりをして甘えている」と述べたのだった。

　一方，Ａにとって父は「穏やかで優しい人ではあるが頼りにならない」，「かわいそうにと思うが何もしてくれない」存在だった。Ａは「女性よりも男性の方が話しやすい。女性は何を考えているかわからない」と述べ，唯一夫だけが

「頼りになる，穏やかで優しい」存在だと述べた。

3. Aとのアセスメント・フィードバック面接での治療的意義

(1) 治療的意義

　心理検査の結果については上述の内容を概ね伝えるとともに，Aの疑問には
できるだけかみくだいて説明した。Aはフィードバック面接でも学生時代を振
り返り，「3人以上になると何の話をしているかわからなくなり，自分がつま
らないような顔をしていると思われるのがつらく，惨めに感じて焦る」と想起
した。Aは，やはりフィードバック面接には夫と同席でなければ自分に向き合
えないと感じていたのかもしれない。夫に頼ることができるのは，Aの健康的
な力でもあると肯定的にも捉えられた。

　そんな中で，Aは幼少期から主体的に自分が動けなくなる体験を職場でも反
復強迫のように繰り返していたエピソードを連想した。Aは，その反復強迫的
な体験を振り返り，これまで自分の得意・不得意を考えずにただ焦っていたこ
とを自覚した。ある職場での先輩一人は，繰り返し指導し，優しく接してくれ
たことで現在でも食事に行くなどの私的な交流があることも想起した。また，
学校の先生とは仲良くした覚えはないけど，やたら親切にされてその先生の指
示通りにしていたことも想起した。

　そうした対象の存在に改めて気付いたAには，精神分析的心理療法の導入
は可能であると見立て，セッティングについても説明をしたが，Aは，少し考
えて「今は信頼できる夫との関係を基盤にして，新たな仕事にも少しずつチャ
レンジしていきたい」と心理療法の導入については見送った。Aは，人との距
離感に敏感で安全感，安心感がもてず，対象希求性がありながら適切に主体的
に他者とかかわることが難しく，個人心理療法を受けるには何らかの抵抗が
あったのかもしれない。筆者は，アセスメントだけで終えるというAの判断
の意味を自らに問い，謙虚に自分の言葉がAにどのように受け止められてい

るのかを振り返った。少なくともAは自己理解をすすめ，現状を受けとめていたようだった

　さて，アセスメント面接では，限られた時間の中で豊富な臨床素材をクライエントの生育歴や現病歴から聴き取り，それを縦糸にし，また今ここでの感覚から読み取った理解を横糸にして，クライエントの生きたライブ感のある理解を織りなすようにクライエントの見立てを紡ぎ出していくことを心掛けている。

　Aの場合は，幼少期から十分に不安や情緒をコンテインされずに育ち，聴覚の作動記憶の苦手さやAQに示された視野の狭窄化，主体性の不十分さから対人関係での不適応感を強めた状態であると見立てたのは前述したとおりである。心理療法の適用についても導入にこだわらずに，現時点でのAの主体的な判断を尊重し，もし改めて心理療法を求められたときにはアセスメントを再考する覚悟をしている。髙橋（2024）が述べるように「アセスメントの目的は病理を暴くことではなく，より深い理解から治療・教育可能性を提示していくことである」のである。

(2) 心理アセスメントにおけるセラピストのこころの機能

　アセスメントにおける留意点は，心理検査や面接を振り返りながら主訴やニードに沿ったところでの理解や結果を伝える際には，クライエントの消化しやすい内容を消化しやすい表現で伝えることである。できるだけ言葉の表現はわかりやすく，かつ侵入的にはならないように，クライエントの様子を見ながら慎重に丁寧に誠実に伝え，その後必ずクライエントにセラピストの言葉を聴いての思いを問うてみる。同じ言葉でも相手によっては受け取り方が違う。どのように受け取っているのか，こちらが意図した内容を曲解せずに理解しているか等を注意深くみていく。ここにクライエントのこころに出会うポイントが存在する。クライエントのこころの真実であるこころの声を訊く（聴く）。そして応答（response）するところに互いの責任（responsibility）が生まれる。なぜそう受けとめるのか，それは批判や非難ではなくて，そこに現れる相手の声や姿を受けとめる誠実な応答によって，互いのこころに責任をもって出会うのだと考える。

クライエントが「大丈夫です」,「特にありません」と言うときこそ注意が必要であり,そのときは,何も考えられない,考えることが難しいことを表している可能性があるからである。一方的な伝達にはならないように,セラピストには明解に伝える力,相手の反応やズレを認める謙虚な姿勢が必須な機能である。

アセスメント面接時に紡ぎ出した見立ては,そのときの今ここでの情報から織りなしたものであるから,心理療法が進んでいく中で新たに見えるものは必ずある。そしてわからなさ,理解のズレに気付けば,それを見逃さずに理解を織り直していかねばならない。ここでもやはり「わからない」,「ズレている」,「見えていない」に目を向けることが,常に理解を新鮮にするという逆説が存在する。それゆえセラピストのこころの機能には「中途半端な真実に耐える能力」,「事実と理由を性急に追い求めることなく,不確実さ・謎・疑惑の中に留まることができる」(Bion, 1967/2023) ネガティブ・ケイパビリティが培われる必要があると考える。

●文献

Bion, W. R. (1967). Negative Capability. In C. Mawson (Ed.), *Three Papers of W. R. Bion*. New York: Routledge. 福本修 (訳) (2023). W・R・ビオンの三論文. 岩崎学術出版社.

土居健郎 (1992). 新訂 方法としての面接――臨床家のために. 医学書院.

乾吉佑 (2007). 療心理学実践の手引き――出会いと心理臨床. 金剛出版.

乾吉佑 (監修) 加藤佑昌・森本麻穂 (編著) (2023). スモールステップで学ぶ力動的な心理アセスメントワークブック――出会いからフィードバックまで. 創元社.

前田重治 (2020).「一行目」の意義. 宵闇の季節. せいうん.

松木邦裕 (2016). こころに出会う――臨床精神分析 その学びと学び方. 創元社.

妙木浩之 (2010). 初回面接入門――心理力動フォーミュレーション. 岩崎学術出版社.

Rustin, M., & Quagliata, E. (Ed.) (1997). *Assessment in Child Psychotherapy*. Routledge. 木部則雄 (監訳) (2007). こどものこころのアセスメント――乳幼児から思春期の精神分析アプローチ. 岩崎学術出版社.

髙橋靖恵 (2024). 心理臨床実践において「伝える」こと――セラピストのこころの涵養 福村出版.

第2章

アセスメントの観点

淀 直子

1. 生きた"人となり"が浮かび上がってくる見立てを求めて

　心理臨床においての「アセスメント」と「見立て」という言葉は，日常臨床の中では同義で使われていることが多いように思われる。心理アセスメントの定義はさまざまあるが，個人の抱えている心理的な問題やその人の状態を見立て査定・評価し，支援に役立つ理解や方法を探る作業プロセスといえるだろう。
　見立ては，精神科医の土居（1992, 1996）が，臨床的考察を進めるにあたっては「日本語固有のコトバ」が有用であるとし，治療的診断を表すものとして提唱した概念である。診断は分類しレッテルを貼ることではなく，患者の病状を把握し，患者と環境の相互関係を理解し，病気がどの程度生活に支障となっているのかを読み取り，患者や家族が治療にもっている態度や期待の質などの動機づけを吟味して，治療的見通しを立てることだとしている（土居, 1996）。
　土居（1992）は，効果的な見立てについて，「患者の受診理由に出発しながら，それを生起せしめた背後の心理を，あたかも扇の要のごとく，というのは更にそこから遡って患者の全貌を探るための問題として，把握するのでなければならない」と述べている。また，診断からは患者の生きた姿は立ち上がって

こないが、見立てからは個々の患者の生きた姿が浮かび上がってくるという（土居，1996）。つまり、見立てにおいて、問題が生じた背後の心理を考え患者の全貌を探ることで、その患者の生きた姿が浮かび上がってくるといえる。

乾ら（2023）は、見立てを「個人の個別的な特徴を大切にして、その個人にとっての問題・症状の意味や、問題・症状が生じている背景を理解する」考え方だと説明している。

問題が生じた背景やその人にとっての意味を理解し、生きた"その人となり"が浮かび上がってくるような見立てを立てられるようになるには、どうしたらよいのだろうか。心理臨床の経験が浅かった筆者がまだ若い頃、ケース検討会でベテランの先生方が、ケース概要段階であるいは初期の段階で発言された見立てに、"どうしてそのようなことがわかるのだろうか"と不思議に思った記憶がある。また、ケース提示者に仮説につながるような問いかけをされていくうちに、次第にクライエントその人の姿が立体的に立ち上がって見えてきて、筆者は不思議な感覚を覚えた。筆者は臨床経験を経ても見立ては苦手である。アセスメントに関する書物は増え細やかに記述されており、読んでいるときはなるほどと思うものの、実際のケースになるとまるで活かせていなかった。わかりやすく一目で見える観点のようなものがあればと考え、筆者はこれまでに読んだ書物や研修などを参考にして、自分なりの観点を書き出し、新たなケースに出会うとその覚え書きを見ながら考えてきた。

さて、ここまで見立てについて、筆者の体験も含めて述べてきた。見立てという言葉は、「日本語固有のコトバ」で、心理臨床の構えやアセスメントの本質を表していると考えられ、臨床的体験感覚に馴染むものである。一方で、日常語だけに系統立っておらず、どうしても曖昧になりがちである。職人技のようなコツが体得できるまでは、指標や具体的観点をもって一つひとつ考えまとめていくことが必要であろう。こうした点から、以後は、見立ての考え方を踏まえたうえで、アセスメントという言葉を使って記述していくことにする。

本稿では、アセスメントでは何をするのかを整理し、筆者が日頃使用しているものにさらに必要なものを加え、アセスメントの観点として提示していきたい。筆者は精神分析的理解を基盤にしており、心理臨床実践においては、精神

分析的心理療法，あるいは精神分析的理解を活かした心理面接・コンサルテーションを行ってきている。そのため，精神分析的心理療法のアセスメントを中心に記述する。なお，本稿で述べるのは，心理検査によるアセスメントではなく，心理面接からのアセスメントである。

2. アセスメント面接で何をするのか

アセスメントはどれくらいのセッション数で行われ，何をするのか，どのような場なのだろうか。英国タヴィストック・クリニックのコンサルタント精神療法医であった Hobson（2013/2019）や英国成人心理療法コンサルタントである Lemma（2016）は，コンサルテーションを基本的に 90 分 1 セッションで行うとしている。松木（2005）は，可能な限り短い時間でなされる方がよいと指摘し，1 回の面接で見立てを試みているという。とりわけ医療現場では，できる限り短期間で行うことが求められる。

一方で，心理療法機関において精神分析的心理療法の提供を視野に入れたアセスメントでは，4 回程度を使ってアセスメント面接として行われることも多い。筆者が行っているのは後者であるため，後者を前提にして，まずはアセスメント面接で何をするのか，どのような場であるのかについて簡単に記述する。

第一に，アセスメントでは，来談したクライエントの状態，その人固有の感じ方や体験のあり様など，クライエントの心の問題を見立てることである。これについては，後にアセスメントの観点として詳しく述べることにする。

第二に，アセスメントは心理相談面接である。アセスメントであっても，相談に乗ってもらっているという感覚をクライエントがもてることが大切である。土居（1996）は，精神科医療では病歴聴取と治療が同時並行で進み，見立て行為の中ですでに治療が始まっていると述べている。Lemma（2016）は，アセスメントの目的は心理療法を開始することではないが，よいアセスメントはクライエントに治療的に体験されていると説明している。福本（2015）は，「面接者との関係の中で行われる相互に理解を深めていくプロセス」と記述している。

アセスメント面接というのは，心理相談であり心理治療的体験なのである。

　第三に，クライエントにここでの心理面接はこのようなやり方でやっていくのだという感触をつかんでもらうということである。少し体験してもらい，自分が求めているものなのか，自分に合うのか，ここでやっていこうと思えるのかなどを考えてもらうということである。アセスメントはセラピストだけがするものではなく，クライエントもセラピストをアセスメントしている。アセスメントはセラピストとクライエントの双方がお互いにするものだといえる。また，心理療法を行うことになった場合には，アセスメント体験がセラピーの基盤となっていく。アセスメント面接は心理療法の基盤をつくるものでもある。

　第四に，フィードバックと今後についての話し合いの場である。アセスメントの終わりに，クライエント理解を伝え，クライエントの思いや考えを聴いて対話をしていく。こちらの提供できるものや形態，方法を伝え，クライエントがどうしていきたいのかを聴いていく。アセスメントで終了する場合もあれば，リファーとなる場合もあり，柔軟に考えていく必要があるだろう。

　なお，アセスメント過程は，クライエントにとってストレスフルであることを，私たちは肝に銘じておかなければならない。齋藤（1996）は，クライエントは重要な他者との関係の中で傷ついた経験をもっていることが多く，臨床家の予想の及ばない敏感さがあり，さまざまなジレンマやアンビバレンスなど微妙な構えを個別に含みもってやってくる，とクライエントの複雑な心持ちを的確に述べている。見知らぬ場に行って見知らぬ人にプライベートな出来事や心の内を話すことがいかに難しく，クライエントが不安で傷つきやすい状態でその場にいるということを，私たちは忘れてはならない。

3. アセスメントの観点

　アセスメントでは，クライエントの身だしなみなどの外見，表情，立ち居振る舞いや態度，語り方や応答の仕方などに注意を払い，五感を使って観察し，できるだけオープンエンドの問いかけで，クライエントに自由に語ってもらい

ながら，概ね以下のことを聴いていく。何をどのように悩み困っているのか（主訴と経緯）。きっかけやクライエントが思う要因。問題が生じたときの状況や人間関係。問題に対してクライエントはどのように対処をしたのか，誰かに相談や手助けを求めたのか。生い立ち。家族関係・友人関係・職場関係。これまでの既往や相談歴。問題による身体的影響や社会生活への影響などである。

　精神分析的心理療法のアセスメントでは，クライエントのパーソナリティを考えるという特徴がある。パーソナリティとは，一言でいえば"人となり"であり，その人固有の体験のあり様，固有の感じ方である。その理解は，クライエントが生い立ちから今までにどのような体験をしてきたのかということを丁寧に聴いていくことによって可能となっていく。

　では，具体的にどのような観点をもって聴いていけばよいのだろうか。

(1) モチベーション（動機）

　クライエントは自ら自主的に来談したのか，それとも他者から勧められて来談したのか。他者から勧められた場合，クライエントはそれをどのように思っているのか。なぜ今来談したのか。どういう理由でこの相談機関を選んだのか。こうしたところからモチベーションの高さや心理療法への期待，クライエントが何を求めてやって来たのかを推測し理解していく。

　精神分析的心理療法は，現れている問題を治療者によって解決してもらうのではなく，元の状態にもどることを目的にしているのでもなく，クライエントが問題を自らのテーマとして捉え，セラピストと協力しながら取り組んでいくものである。したがって，クライエントのモチベーションが大きな鍵を握る。相談に行くように言われてとりあえず申し込んだであるとか，相談すれば短期間に好転すると期待して来談する人は難しいかもしれない。

　しかしながら，クライエントが最初から精神分析的心理療法を求めてくることはほとんどなく，変わりたいと思っているわけでもない。そもそもこれまでとは違うあり方など未知で想像もつくはずがなく，心の悩みを聞いてもらい心理専門の立場から助言をもらうというカウンセリングイメージをもって来談するのが一般的であろう。実際，アセスメント面接は心理相談面接である。しか

し，精神分析的な考えを基盤とするセラピストと出会い対話をする中で，"これが心理療法なのか"と体験し，初めてモチベーションが生まれることもある。モチベーションはいわば相互性の中で育まれるといえよう。このようにモチベーションは変化していくものである。

(2) 人間関係の体験のあり様と心的世界

上述したように，精神分析的心理療法におけるアセスメントの一番の特徴は，クライエントその人の固有の体験のあり様や感じ方を理解していくことである。パーソナリティという"その人らしさ"は，本来もっている素質と，生育環境や体験，重要な人との関係性などから形成されていく。英国対象関係論の視点ではさまざまな対象が住んでいる心的世界（内的世界）を想定し，心の中の世界が現実の人間関係に投映されて物事の捉え方や感じ方に影響を与えると考える。また心的世界も，素質と体験，そして重要な他者との関係性が内在化されてつくられる。心的世界がどのようなものなのかは，クライエントより語られるストーリーから考えていくことになるだろう。

1）どのような人たちと，どのような関係で，どのように生活をしてきたのか

人が育っていく中で最も重要な他者は家族である。筆者は，主訴や生活歴と併せて，〈ご家族について聴かせてください〉とできるだけオープンなかたちで尋ねることにしている。クライエントは，どのような人たちの中で，どのような関係で，どのように生活をしてきたのだろうか。これはクライエントとの関係だけではなく，両親間の関係や両親間とクライエントとの関係（三者関係），家族内での役割や力動を含んだものである。また，家族はどのような文化的特徴や価値観をもっているのだろうか。こうしたことをクライエントの語りから想像し，どのようなストーリーの中で生きてきたのかを理解したい。

そして，成長過程から現在の友人・恋人・家族（配偶者・子ども）・職場・その他現在問題になっている人たちとの関わりや関係を考える。原家族との関係性が変化しているところと繰り返されているところを見ていくことが，クライエントの心的世界と対象関係を理解するのに役立つだろう。それはまた，心理

療法におけるセラピストとの間で予想される関係性であるかもしれない。

2）悩み困ったときに，人（家族・友人・職場・支援者）にどのように理解され支えられたか，あるいはされなかったか

"助けてもらった"，"理解してもらった"というよい体験があるだろうか。また，よい関係がどれくらい維持されてきたかということは重要なポイントである。これは対象に対する信頼や依存の体験を表していると考える。どのように理解され支えられたかは，クライエントがセラピストに何を求めどのようなことを期待しているのかを知る1つの目安になるだろう。

3）どのように語るのか

態度・語り方・問いかけへの応答には，現在のクライエントの状態とコミュニケーションの特徴が表れているものである。語り方や応答の仕方が，相互的か一方的か迎合的か，あるいは抑制的か防衛的か。また，生気があって聴いているセラピストに気持ちが伝わってくるのか，あるいは事実を語っているが情趣なく平板であるのか。語り方にはその人の"人となり"が表れているが，とりわけ過去や現在の重要な人について，クライエントがどのように語るのかに注意を払う必要があるだろう。それは，語り方の中に，これまでの人との関わりや内的対象との関わりの特徴が表れていると考えるからである。

(3) ライフサイクル上の発達課題

クライエントは，これまでの発達的段階をどのように過ごし，どのように乗り越えてきたのだろうか。また，現在どのような社会的発達段階にいて，どのように体験しているのだろうか。

たとえば，児童期は具体的実際的活動を通して試行錯誤し何度も繰り返して技術を向上させ達成感を得，喜びを感じる年代である。その中でも前思春期は，発達上の大きな節目であり，親に依存しているものの親とは違う世界で"私"が存在していることを孤独の内に体験し，秘密をもち友人関係も変化していき，いじめも起きやすくなる時期である。思春期は性の問題や親・友人関係が変化

し大きく揺れる時期であり，青年期は進路選択や異性関係などアイデンティティ形成の時期である。その年代ごとにやってくるテーマをどのように体験しどう乗り越えてきたのだろうか。その体験は一人ひとり違うはずである。

さらに，現在クライエントは，心理社会的にどのような問題を抱えやすい年齢なのだろうか。クライエントがこれまで乗り越えて生きてきたあり様と，今降りかかっている年代的な課題は，クライエントを見立て理解するうえで大切な観点である。

（4）知的能力・現実検討力・情緒の自覚と調整

知的能力・現実検討力・情緒の自覚と調整（感情の調整）については，乾ら（2023）が的確にわかりやすく記述している。まず，知的能力については，認知，感情の調整，対人・社会場面の適応など多くの機能の基盤であるとし，言語能力の他，計画を立てて遂行する力，場の状況に適切で柔軟に対応する状況判断力を挙げている。現実検討力については，自己と外界を区別する自我境界と，立場や状況や事実を把握し見通しをもち見合った態度や言動がとれる自己行動に関する判断力としている。情緒の自覚と調整は，衝動や感情を自覚して，状況に応じて適度にコントロールする力である。こうした働きがどれくらい保たれているかを見立てる。

Kernberg によるパーソナリティ構造のレベル（病態水準）の3分類，神経症水準・境界例水準（高・中・低）・精神病水準は，現在も押さえておく観点である。

神経症水準は，人は良い部分も悪い部分ももち合わせていると捉え，精神的葛藤をもちながら，現実状況を把握して感情を適度にコントロールし表現して安定した社会生活が概ねできているパーソナリティ水準である。境界例水準は，良いか悪いかのどちらかという部分対象関係で，不安定で激しい対人関係や激しい感情の浮き沈みがあり，一時的に現実検討が危うくなるなど自我の脆弱さがあるパーソナリティ水準である。精神病水準は，自我境界が不安定で自己と外界の区別があいまいであり，空想と現実の区別が混乱するようなパーソナリティ水準である。

第1部　精神力動的な見立て

　一般に，探索的なアプローチである精神分析的心理療法には神経症水準のクライエントが適応とされている。しかしながら，現代では発達障害スペクトラムを視野に入れる必要がある。高石（2020）は，神経症水準・境界例水準・精神病水準を縦軸に，発達障害スペクトラムを横軸にして捉えるという有用な視点を挙げている。また，比較的適応よく神経症水準であるように見えても，内的には精神病的不安をもっている人がいることは留意すべきである。

（5）問題や症状の深刻さと現実的サポート

　学校や仕事などの社会生活への影響・身体状況・行動，および上記（1）〜（4）から，問題や症状の深刻さの程度を見立てることは大変重要なことである。犯罪や触法行為など反社会的行為，アルコール・薬物依存，精神科入院歴の有無，統合失調症・内因性躁うつ病，脳の器質的病変や内分泌性疾患など身体疾患の可能性はないかなどは，吟味しておく必要がある。

　また，自傷行為・希死念慮・自殺企図，高い攻撃性・衝動性などの行動化リスク，現在抱えている精神疾患を含む心の問題の深刻度を慎重に見立て，医療機関へのリファーや併用の必要性を判断し，心理療法の適応をアセスメントする必要がある。

　同時に，クライエントを取り巻く環境を把握しておくことも不可欠で，どれだけ家族のサポートが得られるかという吟味は，リスクマネジメントという視点からも重要である。また，心理療法を行うのが医療機関であるのか，複数のセラピストがいる心理療法機関であるのか，個人開業であるのかによって，セラピストが得られる協力体制も異なってくる。クライエントの状況と心理療法の場の体制との，双方のアセスメントが必要である。

（6）サイコロジカル・マインディッドネス（Psychological mindedness）

　精神分析的心理療法は，セラピストがクライエントの困っている問題や症状を解決したり治したりするのではなく，クライエントがセラピストと協力し相互交流を通して，自身の感情・体験・人との関係についてふり返り，その意味を探り，気づきを得ていこうとする心理療法である。そのためには，クライエ

ントが単に問題解決や症状が取れればよいと思うのではなく，問題の要因を
「～してくれなかったから」と人のせいにして外在化するのでもなく，問題を
自分のテーマとして内省し主体的に取り組む姿勢が必要である。つまり，自ら
の心の状態に関心を向け，ふり返り内省して考えようとするある程度の力を要
するということである。これは，サイコロジカル・マインディッドネスと呼ば
れている。内的なものにコミュニケーションをしていこうという志向性のこと
である。

　サイコロジカル・マインディッドネスは精神分析的心理療法の適応性に関わ
るものであるが，セラピーの目標でもありうる（Lemma，2016）。なぜなら，精
神分析的心理療法は心の状態を内省し考えて知っていく営みだからである。な
お，Lemma（2016）は精神分析的心理療法の適応基準として，自己内省に関す
る興味と能力，治療関係に内包される欲求不満に耐え自己探求を行う自我の強
さ，行動化せずに心理的な痛みに耐えられること，などを挙げている。

（7）アセスメントでの試みとその意義

1）解釈をすること・理解を伝えること

　精神分析的心理療法のアセスメントでは，探索的な心理療法をするうえでの
心理的資質を見るために，試みの解釈が役に立つと指摘されている（Gabbard，
2010/2012）。解釈とは，クライエントがこれまで意識してこなかった心の内容
やあり様について，セラピストの理解やアイディアを伝えることである。アセ
スメント面接で解釈をしてみて，それをクライエントが受け取って自己理解や
心的交流として活用できるかというところを見るわけである。

　クライン派は，「今，ここで」の転移解釈を行うことが多い。たとえば，「今，
ここで」のクライエントの不安について，「こういう不安や今，私に感じてい
らっしゃるのではないでしょうか」といったものが挙げられよう。クライエン
トは一瞬戸惑うかもしれないが，そこで心に注意を向け振り返ることができる
かという観点は，精神分析的心理療法の適応を考えるうえで有効だろう。

　一方，Lemma（2016）は，アセスメントにおいて転移解釈は限定的に用いる
こととし，クライエントの体験パターンやテーマを指摘する再構築の解釈を勧

第1部　精神力動的な見立て

めている。筆者自身は，転移解釈をすることも稀にはあるが，「こういう不安がありそうですね」，「こういう苦労を抱えてきたのですね」といった理解を伝えることが多い。そこで，クライエントが自分のテーマとして捉え心的な方向へ関心を向けることができるか，共に考えたり吟味したりできそうかという感触をつかみたいと思う。

2）夢・再早期記憶を尋ねること

　アセスメント面接で夢を尋ねるというセラピストもいる。初めて心理療法にやって来た人は，症状や悩みごとを話しに来て夢を尋ねられると戸惑うかもしれない。しかし，そこで夢を想起できることは，その人が心的世界に開かれているといえる。古賀（2006）は，アセスメント面接において，夢を通して無意識を探る意義やおもしろさをクライエントに示せれば，将来の治療へのよいオリエンテーションになると述べている。

　心理療法を始める前に見た夢というのは，クライエントの中核的なテーマであったり，心理療法やセラピストに対する期待や不安であったりすることが多く，夢を尋ねることは有意義だといえる。

　夢と同様に，クライエントのテーマが表れている可能性があるものに最早期記憶がある。最早期記憶とは，自分が思い出すことができる一番古い記憶である。Freud（1899/2010）によれば，幼少期の想起された記憶は，取るに足らないような内容であっても夢のように加工され修正されており，意味深い心の体験の本質的なものが含まれている。山中（2001）は，最早期記憶は意識と無意識の境界に位置すると指摘しており，最早期記憶は夢よりも少し意識水準が高いところから連想される幼い頃の断片だといえる。つまり，最早期記憶には，夢と類似しながら夢よりも少し意識に近いところにあり，その人が抱えている中核的な問題や人生観が刻み込まれていることが多いと考えられる。こうしたことから，最早期記憶はクラインエント理解に資するものであり，夢よりも意識生活に近いという点で，生育歴やライフヒストリーを語ってもらうアセスメント面接で聴くことは，クライエントにとっても違和感が少ないであろう。さらに，セラピストがクライエントの幼少期や無意識を大事にして関心をもって

いることを伝えることであり，また，クライエントに思い出して語ってもらうことは，心理療法のワークを体験してもらうことにもなり，心を耕すことにもつながると考える。

4. まとめにかえて

　上述してきたことを踏まえて，筆者は，クライエント理解のまとめとして次のようなことを記述できるようにしたいと考える。クライエントは，どのような人たちとどのような関係で，どのように暮らしてきたのだろうか。どのような時期にどのようなことがあって，それはクライエントにとってどのような体験であったのだろうか。クライエントはどのようなあり方で生きのび，乗り越えてきたのだろうか。そのようなことが，どのような問題として現在に影響しているのだろうか。クライエントはどのような心的世界にいるのだろう。そして今，クライエントは心理療法に何を求めてやって来ているのだろうか。人は誰しも，そうならざるを得なかった個別の背景があり個別の歴史がある。"こんなふうに生きてきたのだ"というその人のあり様を筆者は理解したい。

　アセスメント面接では気づけなかったが，心理療法のプロセスを経てケースをふり返ったときに，アセスメント面接ですでにテーマ等多くの素材が示唆されていることは多い。また，相互交流をしながら探索していく心理療法プロセスで，"クライエントはこういう人だったのか"，"こういう苦しみがあったのか"，"こういう面もあったのか"と新たに見えてくるものもとても多い。見立ては，新たに気づくこともあり変わっていくものである。

　本稿では，成人を対象とした精神分析的心理療法のアセスメントについて述べてきた。子どものアセスメントについて今回は触れることはできなかったが，心理的問題とその背景を探り，心的世界や固有の体験を理解していくことは成人と同じである。

　ただ近年，複雑で深刻な子どものケースが増えており，家族が抱える問題が現在進行形で子どもに影響していることは多く，包括的なアセスメントが重要

となってくる。また，プレイなどで表される非言語的なコミュニケーションを捉え，相互交流を通して子どもの心の世界を理解していくことが必要である。今後，子どものアセスメントの観点も改めて考え整理し，心理臨床実践に活かせるよう取り組んでいきたい。

●文献

土居健郎（1992）．新訂　方法としての面接——臨床家のために．医学書院．

土居健郎（1996）．「見立て」の問題性．精神療法，**22**（2），118-124.

福本修（2015）．精神分析的臨床を構成するもの（第2回）：関わりを始める．精神分析研究，**59**（2），161-164.

Freud, S. (1899). *Über Deckerinnerungen*. 角田京子（訳）（2010）．1895-99年　心理学草案／遮蔽想起．フロイト全集3．岩波書店，pp. 327-351.

Gabbard, G. O. (2010). *Long-term psychodynamic psychotherapy: A basic text.* American psychotherapy publishing, Inc. 精神力動的精神療法——基本テキスト．狩野力八郎（監訳）（2012）．岩崎学術出版社．

Hobson, P. (2013). *Consultations in Psychoanalytic Psychotherapy.* Karnac Books. 福本修（監訳）（2019）．精神分析的心理療法におけるコンサルテーション面接．金剛出版，pp. 15-35.

乾吉佑（監修）加藤佑昌・森本麻穂（編著）（2023）．スモールステップで学ぶ力動的な心理アセスメントワークブック——出会いからフィードバックまで．創元社．

古賀靖彦（2006）．夢とアセスメント面接．精神分析研究，**50**（2），105-111.

Lemma, A. (2016). *Introduction to the Practice of Psychoanalytic Psychotherapy.* John Wiley & Sons Ltd.

松木邦裕（2005）．私説　対象関係論的心理療法入門——精神分析的アプローチのすすめ．金剛出版．

齋藤久美子（1996）．「初回」時面接の意義と難しさ．精神療法，**22**（2），137-145.

高石恭子（2020）．学生相談における見立て．日本学生相談学会（編）．学生相談ハンドブック　新訂版．学苑社，pp. 60-74.

山中康裕（2001）．初回面接において目指すもの．臨床心理学，**1**（3），291-297.

第3章

見立ての盲点
セラピストが回避する性愛という情緒

西尾 ゆう子

1.「見立てらしきもの」から「見立て」への道のり

(1)「見立てらしきもの」からの出発

　心理臨床の場では，初対面の二者が閉じられた空間でパーソナルな困り事や人間関係を話し合う。この営みを始めから終わりまで一貫して支えるのがセラピストによる「見立て」の行為である。筆者は精神分析的心理療法を実践する立場から本稿を執筆しているが，学派にかかわらず心理臨床の共通基盤にこの「見立て」があると言ってよいだろう。今回，髙橋靖恵先生のご退職を記念する本企画にお声かけいただき，初心にかえって「見立て」を振り返る貴重な機会を得た。

　髙橋先生には，ロールシャッハ法に代表されるアセスメント技法を通して「心理査定法を心理療法に生かしていく臨床の心」(髙橋, 2011, p.835) をご教授いただいた。石垣 (2001, p. 319) は「投影法は性格のみならず，精神症状・認知特性・知的能力・行動特性などパーソナリティの様々な側面を捉えることができ，環境への適応を全体的・力動的に把握できるため，統合的理解・治療

的仮説の形成という点からも重要」であり，投映法の「内部に包含されている作業は見立てそのものであるといってもよい」と述べている。まさに，ロールシャッハ法のスコアや解釈に四苦八苦しながら進むプロセスは「見立てそのもの」を学ぶ道のりであった。この体験にその後の臨床実践をどれだけ支えられていることだろう。

　ロールシャッハ法を学ぶ前の筆者にとって，「見立て」の意味するところは「この人はどういうことを問題にしてカウンセリングを求めてきたのか」を整理し，「まずはどういうふうに会っていくのか」と心算することに等しかった。

　初回面接では「〜ことが苦しみとなってここに来られたのですね」と主訴を明確化し，バウムテストを通して非言語的なコミュニケーションや人となりを捉えようと努力していたが，初対面の人からパーソナルな話を聴いて料金をもらうということそのもののインパクトが筆者にとっては大きかった。

　スーパーヴィジョンでクライエントの語りやコミュニケーションの意味を検討する内にその衝撃は徐々に和らぎ，ようやく「見立てらしきもの」が浮かび上がってくるのだが，いよいよ面接が始まるとクライエントが投げ入れてくる投映にあたふたし，自他の行動化に青ざめ，面接に関する夢を見た。つまり，筆者はクライエントの入場チケットを確認することだけはしていたが，その奥にある多くのものを見立て損ね，他者の言葉を多分に借りてものを考えていた。そのような中で印象的だったのは以下の出来事である。

　登校拒否のため来室した思春期のクライエントが回を重ねるうちに精神病水準の不安を明らかにした。筆者はそのとき，面接室で湧き上がる不安とともにいることの恐ろしさや「大切なことを見逃したまま会い続けていたのではないか」という自責の念とともに「カンファレンスでもスーパーヴィジョンでもこのクライエントに精神病水準の不安が潜んでいるとは言われなかったのに，なぜ」と，他責的な怒りを感じた。経験豊富な臨床家であればクライエントの発症可能性を事前に判断できるのではないかとスーパーヴァイザーや訓練機関を理想化していたのである。

　どのような現場でも統合失調症やうつ病の顕在発症のリスクをもつクライエントに出会う可能性はあるがゆえに，他でもない自分自身が発症の好発時期を

心に留めて会い，経過とともに変化するクライエントの様子を全身で感知し判断することしかできないという事実に気がつかなかったのである。幸いスーパーヴァイザーの迅速な判断によって医療機関と連携し危機的状況を回避できたが，筆者が「見立て」のかなりの部分を他者に委ね，また自らの役割を履き違えていたことは明らかである。当時の筆者は全力でクライエントの語りに耳を傾けていたが，それは誰のためだったのだろうか。

　これらの経験から筆者は次のことを学んだ。「見立てること」，すなわち自分が感知したものから総合的に判断することとは，セラピスト自身の主体性と創造性を立ち上げ，不安や焦りを包み込むネガティヴ・キャパシティを鍛錬し，相応の覚悟と心理療法の知識をもってクライエントに相対することに他ならない。一方でクライエントの言葉をそのまま身に受け容れながら他方で独自に考えをまとめ定める聴き手として機能するためには，二者関係において表れるセラピスト自身の偏りを理解し他者を受け容れる器を形成する作業と，臨床心理学の諸理論を実践的に学ぶことの両方が求められる。これらの作業や学びには終わりがなく，心理臨床の場で「見立て」を行う立場にある限り継続される必要がある。

(2) それでも，「見立て」からこぼれるもの

　ここまで，心理臨床の場で「見立て」を行う前段階としての学びやセラピストの在り方について筆者の体験をもとに検討してきた。現在の筆者はクライエントの振る舞いや言動を心理検査結果や医学的な視点，現実適応の程度，社会的資源の有無，生育歴と重ね合わせ，「この人はこれまでどんな人たちとどんなふうに生きてきたのだろう」，「この人のニーズに相応しい面接構造とはどのようなものか」，「この人のどんな欲求が私との間でどの程度反復されるのだろう」などと考えることで初期の「見立て」を行っている。

　面接の進展につれて「この人はこの場で話していると，〜という気持ちになるようだ」という発見や「この人のこういう振る舞いは，どういうことを表すのだろう」，「なぜそれを話して，それ以外については話さなかったのだろう」などと問いが発生する。これらすべてが新たな「見立て」を生成する契機とな

り得る。さらに「この人にとって今，ここはどこで私は誰か」と考えることが，転移を捉えるうえで役に立つと感じている。

しかし，往々にして盲点がある。それは性愛をめぐる情緒である。Freud（1912/2019, p. 17）は「もともと私たちは性的対象しか知らなかった」と述べ，「同情，友情，信頼，またその類の人生に役立つすべての情緒的関係が発生的に性愛と結びついていて，たとえ意識的な自己知覚にとっていかに純粋で非官能的であっても，純粋に性的な欲望から性目標を弱めることによって発達してきたものだ」と看破する。さらに Freud（1915/2019, p. 83）は，「転移性恋愛をしっかり掴まえておかねばならないが，現実的でない何かとして扱わなければならないのである。つまり，治療の中で通過され，その無意識の源泉へと遡られるべき状況として扱うのである」と，性愛の情緒を心的に扱うことの重要性を主張している。

私たちが生きるうえで性愛をめぐる情緒や，性愛を通して自己を認識し他者とつながる体験を切り離すことはそもそも考えられない。したがって面接の場でクライエントの心と出会うとき，性愛の情緒が流れ出すことは自然なことである。それなのに，こと自分が当事者となる二者関係で起きるそれを扱うことは困難で，十分に見立てられないことがある。

そもそも転移は無意識下で発動する。土居（1996）は，患者から万能的に理想化された医師という転移に気づくことができず見立てが不十分になった経験から，患者 – 治療者の二者関係という視点を含み込んだ見立てを行う重要性とその困難さを論じている。つまり，セラピストが転移に気がつくことは困難であるし，性愛という抑圧されやすい情緒が加わった恋愛転移はより見過ごされやすいのかもしれない。次に，性愛の情緒を見立てることの困難についてさらに検討したい。

2. 性愛の情緒を見立てることの困難

私たちの心の動きは動物的で，時に境界やタブーを貫く。そうした生の心に

出会うことに失敗するとき，いったい何が起きているのだろうか。

（1）セラピストが回避した性愛という情緒

1）事例の抜粋

　気力の減退や身体愁訴により医療機関を受診したAとの面接事例である。初期の面接から，筆者はAのことを「幼少期から周囲の期待に過剰適応する偽りの自分として生きてきたものの，その適応が破綻して心的に退避している」と見立てて心理療法を開始した。

　数年が経過し，長期休みが近づいた頃の面接でAはソファに身を埋めて座り，うとうとしてしまったと話し出した。筆者は退行的な雰囲気を感じながら相槌を打った。Aは面接室の置物を見ながら，寝室で寝るときも同じ置物が見えることを語った。筆者はそのとき「それはこの部屋と一緒ですね」という言葉を思い浮かべるが，次の瞬間，Aは私と一緒にいるようにして寝ることを空想しているのだろうかと怖くなる。さらにAは「それですごく元気になった」ことを語る。その言葉に筆者は動揺を覚えながら相槌を打つ。

2）事例の検討

　Aとの二者関係において，筆者は「甘え」のみを感知していた。それまでの人生をずっと「良い子」として過ごしてきたAは素直に人に甘える体験をほとんどもたなかった。そんなAが面接室で「うとうと」することは，「甘え」を体験していたことを表している。

　土居（2010）によると「『甘え』はloveと同じく日常的な動詞概念だが，loveと異なりそれだけでは『性』を含まないことに特徴がある。さらにアンビバレンスを示す様々な精神状態の中にその要素が含まれていることを暗示できる」言葉である。筆者にとって甘えは性愛よりも認めやすい情緒であった。

　しかし実際には，甘えだけではなく性愛の情緒も流れていたのだろう。面接室のソファから見る風景と寝室で横になるときに目にする風景を重ねて語るAからは，愛情と性愛が混在した情緒が感じられる。こうした見解は小川（2023）をはじめとするさまざまな示唆によって得られた理解である。

第1部　精神力動的な見立て

　しかし筆者は面接場面に流れる性愛の情緒を見過ごしていたことを自覚して
も，それを通してＡの心の探究につなげることのハードルは幾重にもあるよ
うに感じられた。仮に，実際には伝えられなかった「この部屋と一緒ですね」
という言葉をＡに伝えたとしても，その後に「あなたは私と一緒にいるよう
にして寝たいんですね」と言えるだろうか。Ａがポカンとして全く間の悪い思
いをするかもしれないし，あるいはＡが押し留めている思いの制止が解かれ
て統制が取れなくなるかもしれない。筆者はその空想が現実化することを恐れ
るあまり，転移性の性愛の情緒が「今ここ」の文脈で表されたことを治療的に
受け入れることができなかった。理解や共感の伴わない解釈は横暴である。双
方が傷ついて中断するリスクを取ることは考えられなかったし，もっとふさわ
しい伝え方も思いつかなかった。心的現実を心的に扱う術を考えられなかった
筆者は，自分が行っている週1回の面接で性愛の情緒を取り上げ，それをＡ
の心の理解に結びつけていく作業は難しいと結論づけた。それが必要であるこ
とは心から理解できるが，「性愛の情緒を意識しながらも心に留め置く」とい
う実質何もしない方法が現実的であると思えたのである。

　しかしながら，今回の執筆を機にもう一度考えたとき，さらなる「見立て」
が足りなかったことに思い至った。それは，端的に言うとＡの空想に自分の
無意識がどのように反応しているのかを同定し，その反応は現実的なのか否か
を区別することである。心のレベル，関係性のレベル，構造のレベルにおいて，
もう一歩踏み込んだ見立てを行う必要があったのである。

3）再び，見立て損ねていたもの

　筆者が見立て損ねていた諸々の視点をここで改めて検討したい。まず，Ａは
空想の世界では活発に境界を侵していたが，危険な行動化を起こすことは考え
にくかった。実際，面接時間を伸ばしたり，面接外で接触を取ろうとしたりす
ることは一切なかった。Ａと面接をしていた時間帯には他のスタッフも複数勤
務しており，行動化を起こしにくい環境でもあった。そのようにして面接の安
全性が確認できて初めて，筆者はＡに伝える現実的な言葉を考えることがで
きた。たとえば「あなたはここで話していると安心するし，性的な気持ちも起

きてくるようです。自分のベッドでもその安心や性的な気持ちを味わうことで，面接が休みに入る不安を消したいようです」と伝えることは今，それほど困難に思えない。

　クライエントが大切な他者に向けていた愛情と大切な他者から受けた傷つきに触れていくことは，クライエントに自覚されていないような悲しみと根本的な他者との関わり方の性質を理解していくことにつながる。それはクライエントが心理療法を求めるに至った本質的な理由を理解していくこととも言えるだろう。セラピストは，クライエントとの関係性の中でふと浮かび上がる性愛の片鱗を受け取って吟味する必要があり，その一瞬を捉えられるか否かが問題であった。

3. 本論のまとめにかえて

(1)「見立て」の起源

　唐突に思われるかもしれないが，「見立て」という日本語の起源を辿ると，私たちの先祖が性愛を抑圧していないことがよく分かる。中野（2007，p. 33）によれば，「見立てる」という言葉の起源を辿ると古事記（神代二之巻）の国生みの場面に遡る。以下がその記述である。「その島に天降りまして，天の御柱を見立て，八尋殿を見立てたまひき」（次田，1977，p. 40）。天の神々から国生みを命じられたイザナキとイザナミの二神が島に降り立ち，天柱と神殿を「見立て」，その柱を左右から周って出会い結ばれる世界創造の瞬間である。柱は「もちろん男性器のメタファー」（池澤，2023，p. 39）であり，神殿は女性の身体でもあろう。聖／性なる柱と神殿のイメージが「見立て」によりダイナミックに現前する印象的な一文である。

　ここで使われている「見立て」という言葉について中野はさまざまな文献（折口，1928; 郡司，1992; 山口・高階，1996）を引用しながら，「原初において『見立て』とは，イメージを通して，心的現実として見るということに他なら

第1部　精神力動的な見立て

ない」(中野, 2007, p. 33) と論じている。私たちの先祖は性愛の心を生き生き
と見立て, 心的現実として体験し, 二人の交流によって始まる世界を創造して
いたのである。さらに中野は, 「『見立て』は, 単にクライエントをどうとらえ
るか, ケースをどう理解するかという個々の判断にとどまらず, 心理臨床の各
瞬間を, 心理臨床の場という心的現実世界を, 心理臨床家がリアリティを持ち
ながらいかに紡ぎ出していくかというところに密接に関係している営みであ
る」(中野, 2007, p. 34) とも述べている。

　心理臨床の場で生起する二者関係, とりわけ依存と分かち難い性愛の関係は
それがリアリティをもつからこそセラピストにとって扱い難い事象になる。ク
ライエントのまなざしやため息といった非言語的なコミュニケーションは身体
次元でセラピストに感知される。たとえば鳥肌が立つ感覚とともに得た直感は
疑いようのないものであるが, そのリアリティを保ちながら心的現実世界を生
き抜くためには, どのような視点が必要になるだろうか。

(2) 性愛の情緒と心的現実世界を生き抜くために必要な視点

　性愛という情緒を治療的に扱うために必要ないくつかの視点の中で, 第一に,
面接室という場を含み込んだ関係性の理解がある。面接の場は退行促進場面で
ある。面接室で転移現象が起きているとき, それは「面接室における面接者に
クライエントは転移している」(鈴木, 2024) のであり, 面接者が突出している
わけではない。このことは強調してしすぎることはないだろう。たとえば「自
分がそんなに良い面接を提供していると思えない」というセラピストの思惑か
らクライエントの「甘え/依存欲求」を十分に受け取れなかったり, 「自分が
クライエントの愛情希求に応えるつもりが全くない」故に「その渇望は幼児的
である」と性愛を「甘え/依存欲求」に変換して扱わなかったり, あるいはセ
ラピストも性愛に刺激されていることを認め難いが故に見ないようにすること
がある。このように面接者が自身を突出したものと捉えたとき, クライエント
の体験と微妙だが決定的なずれが生じ, 十分な見立てを生成する機会を逸する
だろう。

　面接室という場を含み込んだ性愛転移の理解が得られた場合, 次に重要なの

は何をどう伝えるかである。そこでは，クライエントがこれまでどのような性的対象と出会い，その出会いをいかに体験したのかという理解に基づき，先述した「セラピストが突出しているわけではない」ことを反映した言葉使いが求められる。たとえば「ここで話していると，性的な気持ちが起きてくるようですね。まるで大好きなお母さんを独り占めしている幸せな気持ちをもう一度味わいたいような」という解釈と，「あなたは私のことを性的に求めていますね。まるでお母さんを求めていたように」という解釈とでは，前者の方が筆者の考える「面接室という場を含み込んだ転移の理解」を伝える解釈である。そして，このような解釈を伝えても面接の場が破壊されないだろうかという視点から病態水準や構造の見立てが必要であることは言うまでもない。

　面接室の中でクライエント／セラピストは自ずと湧き出てくるさまざまな情緒を体験する。そうしたものの1つであり，かつ身体と心，他者と自分をつなぐ／分かつ重要なものとして性愛の情緒が捉えられたとき，セラピストはそれを回避せず両者にとって必然的なタイミングで治療的に話し合うことが可能になるだろう。

　さまざまな見立ての視点を述べてきたが，最大の盲点は，セラピスト自身の生の心ではないだろうか。セラピスト自身が感知できる情緒の領域を広げてクライエントの「性愛生活の最も深いところに隠されているものすべてを意識にのぼらせ，そのことによってそれを自分の支配下に置くことを手助け」（Freud, 1915/2019, p. 83）するようにありたい。しかし，自分の心の限界を事前に知ることは困難である。そもそも，自分の「性愛生活の最も深いところを意識にのぼらせ」たことがない者が，それを他者に求めることなど可能だろうか。今のところ，筆者は自分自身を見立てられていないという不十分な感覚を抱えたまま，クライエントとの体験から学び，今ここの面接の場で流れ出る情緒の中で最善を尽くす他ないと考えている。

第 1 部　精神力動的な見立て

◉文献

土居健郎（1996）．「見立て」の問題性．精神療法, **22**（2）, 118-124.

土居健郎（2010）．「甘え」．小此木啓吾・北山修（編）．精神分析事典．岩崎学術出版社, pp. 9-10.

Freud, S.（1912）. *The Dynamics of Transference*. 渋木尚子（訳）（2019）. 転移の力動．藤山直樹（監訳）．フロイト技法論集．岩崎学術出版社, pp. 11-20.

Freud, S.（1915）. *Observations on Transference-Love: Further Recommendations on the Technique of Psycho-Analysis Ⅲ*. 大住真里（訳）（2019）. 転移性恋愛についての観察（精神分析技法に関するさらなる勧めⅢ）．藤山直樹（監訳）．フロイト技法論集．岩崎学術出版社, pp. 75-91.

郡司正勝（1992）．風流と見立て．郡司正勝刪定集　第 6 巻．白水社, pp. 241-286.

池澤夏樹（訳）（2023）．古事記．河出文庫．

石垣琢磨（2001）．アセスメントとしての見立て．臨床心理学, **1**（3）, 317-322.

中野祐子（2007）．臨床実践体験としての「見立て」に関する心理臨床学的研究——その生成プロセスと心理臨床的機能の観点から．京都大学学位論文．

小川豊昭（2023）．コメント：浦島太郎は余生をどう生きればよいのか．精神分析研究, **67**（4）, 76-78.

折口信夫（1928）．神道に現れた民族論理．神道學雑誌, **5**, 103-131.

鈴木智美（2024）．post-graduate 精神分析セミナー配布資料, 2024. 7. 28.

髙橋靖恵（2011）．心理査定法と精神分析．臨床心理学, **11**（6）, 831-835.

次田真幸（1977）．古事記（上）．講談社学術文庫．

山口昌男・高階秀爾（1996）．「見立て」と日本文化．日本の美学, **24**, 4-23.

第4章

心理的支援を受けるモチベーションが曖昧なときの見立て

元木 幸恵

1. モチベーションについて

　「モチベーション（motivation）」という言葉を『広辞苑』（新村編，2018）で調べると，「人間や動物を行動に駆り立てること。内部の動因と，外部の触発因との統合によって行われる」とある。この定義は，内発的動機づけと外発的動機づけの2種がモチベーションにあることを指している。前者はたとえば，「成長することが嬉しい」という行動自体に喜びや満足を感じて取り組もうとするものであり，後者は「仕事をすることで給料がもらえる」，「作業をすると褒めてもらえる」という周囲からの反応や報酬を期待するものである。Motivation は日本語にすると「動機づけ」であるが，カタカナの「モチベーション」という言葉を耳にする機会の方が多いかもしれない。

　近年では，ビジネスの分野で多用される言葉でもあり，仕事に対する社員のモチベーションの程度によって，生産性の向上や組織の維持・活性化につながるとされている。Maslow（1954/1971）の欲求階層仮説は，代表的なモチベーション理論として理解されている。人間には基本的な欲求として5つの欲求があるとされ，低次の欲求から高次の欲求へとヒエラルキーを構成し，第1の欲

第1部　精神力動的な見立て

求が満たされると，次の階層の欲求が出現することが繰り返される。基本的な欲求は，生理的欲求，安全の欲求，所属と愛の欲求，承認の欲求，自己実現の欲求であり，これらの欲求を満足させていくことに人間の行動の動機づけがあるとされていることは，心理学の授業などでも広く取り扱われている。その他，目標設定理論や価値期待理論など，モチベーションに関するさまざまな理論がこれまでに提出されてきている。どのようにすれば人のモチベーションを高めることができるのか，については多くの人の耳目を集めてきた。

　さて普段生活している中でも，モチベーションの程度によって自身や他者の言動が変化する体験は多くの人がしているように思われる。たとえば，不動産屋に賃貸物件を探しに来た客を想定してみたい。その客が，借りたいという明確な意思があるのかあるいはただの冷やかしなのか，それともまずは様子を見に来たのか，切羽詰まってすぐに物件を見つけたいと思っているか，などを不動産屋は見極めようとするだろう。またそればかりではなく，どのような間取り，家賃，立地をイメージしているのかを聴取し，その答えにより，不動産屋が話す内容や見せる情報を変えることは物件探しをしたことがある人なら心当たりがあるのではないだろうか。客が物件の貸借や購入するモチベーションがそれほどないのに，不動産屋が過剰に内見や契約を勧めてくるようなことがあれば，戸惑い，場合によっては不快にすら感じるだろう。また逆に，何となく物件を見に来ただけだが，不動産屋と話をしているうちに内見や契約をする気になった，ということがあるかもしれない。

　もちろん，いくつか例外はあるだろうが，サービス提供者（上記の不動産屋）が，客のモチベーションを適切に「見立てる」ことは，サービス提供者／客双方の利益となるのは当然のことのように思われる。

2. 心理的支援におけるモチベーションの見立て

　ここからは，心理的支援におけるモチベーションについて考えてみたい。カウンセリングや心理療法，心理教育などの心理的支援について，ユーザーはク

ライエントであり，そのユーザーに話を聞く，理解を伝える，助言する，一緒に時間を過ごすなどの支援をカウンセラー／セラピストが提供する。これらの支援は，サービスの一種とみなすことができる。先の例にある通り，ユーザーであるクライエントがどの程度，あるいはどのようなモチベーションがあるのかを見立てる必要があることに異論はないと思われる。

　山崎（2021）は，クライエントが相談機関を訪れるきっかけとして，何かしらの病名が前面に押し出されること，周囲への不満・対応，負荷のかかるイベントへの反応，自分について考える，主訴がないという5つに大別している。クライエントのモチベーションを詳細に把握したうえではじめて心理療法に導入するというが，モチベーションの中身によっては，より現実志向で支持的なカウンセリングや心理教育など他の心理的支援を提供することもあるのだろう。クライエントが心理的な支援を受けようとするモチベーションを見立てることは，支援の提供者であるカウンセラー／セラピストがどのようなアプローチを行うか決めるうえで非常に重要であるといえる。Freud の時代からクライエントのモチベーションを重視する精神分析においては，「動機とは治療への積極的参加を意味し，問題の背景にある心因を明らかにしたいという思いと，自分自身を変えたいという気持ちが治療への動機づけとなる」（北山，2002）とされている。

　しかし，「問題の背景にある心因を明らかにしたいという思いと，自分自身を変えたいという気持ち」に自覚的なクライエントは果たしてどれほどいるのだろうか。山崎（2021）のいう，「主訴がない」クライエントも存外多いのではないだろうか。

　心理的支援を受けようと思ってカウンセラー／セラピストのもとを訪れたクライエントの中には，ともするとそのモチベーションが非常に曖昧なままの人も一定数いるように思われる。それにはいくつかの理由が考えられるが，筆者は「心理的支援」が指すものの曖昧さが，クライエントのモチベーションの曖昧さにつながっているように思う。先の不動産屋においては住居やテナントの販売や貸借であり，提供されるサービスは極めて明確である。一方で心理的支援はどうだろうか。「主治医／学校の先生に『話聞いてもらっておいで』って

第1部　精神力動的な見立て

言われました」、「ここってなんでも話していい場所ですよね?」、「直球のアド
バイスをくれるのだと思っていました」といったような、多種多様な想定をし
てカウンセラー／セラピストのもとを訪れることも少なくないだろう。

　土居（1992）は、診察場面の話ではあるが、患者が語る治療のモチベーショ
ンに関して、次のように述べている。

　　「面接者の（筆者注：治療の動機を尋ねる）問いに応じて患者の発する最
　初の言葉は、それ自体ふつう極めて断片的で、患者のかかえている問題の
　全貌を窺わせるようなものではないと考えられるかもしれない。しかし、
　そのような外観にも拘らず、この最初の発言は極めて重要である。なぜな
　らそれは患者の側から見た受診理由ないし面接理由をのべたものであって、
　それだけではあまり意味がないように見えたとしても、そこに患者の問題
　を解く鍵が隠れていることがしばしばであるからである。」（土居，1992,
　pp.17-18）

　つまり、患者／クライエントがカウンセラー／セラピストの前で初めて発す
る言葉にはまとまりがないことが多く、聞いていても曖昧で理解しにくいので
ある。しかし、言葉にならないことにも、「患者の問題を解く鍵が隠されてい
る」と評されるほど重要な表現がなされているのである。ゆえに、クライエン
トが心理的支援を受けようとするモチベーションは、言語化され、意識化され
たもののみならず、言葉にならない雰囲気や行動など、無意識的な側面まで含
めて理解していくことが重要であるといえるだろう。

　さて、心理的支援を受けるモチベーションが曖昧なクライエントは、特にス
クールカウンセリングや学生相談、公的機関などの無料の相談室や低料金の臨
床領域で出会う可能性が高いと考えられる。それは、心理的な支援を受ける敷
居が圧倒的に低いからである。モチベーションが多少曖昧であっても、「無料
（もしくは安い）だから、とりあえず行ってみよう」という気持ちになりやすい
だろう。

　筆者は、かつて学生相談の領域で心理的支援を受けようとするモチベーショ

054

ンが曖昧な女性クライエントに関わる機会をもった。何かに困っていたのかもしれないが，どうにかしたいという気持ちを彼女は言葉にしえなかった。経過とともに，面接に対する新たなモチベーションが形成されていった。主に，支援の導入の時期にフォーカスして，当該事例を提示する。なお，事例は個人情報保護のため，考察に関係のない箇所については一部内容を改めた。

3. 事例

(1) 事例概要と初回面接

　Aは大学1年の女子学生であった。学期末が迫った7月の中旬頃に，筆者が勤務する大学の学生相談室に相談申し込みを行った。相談申込書には「涙が出る」と書かれていた。初回面接で涙が出る，ということについて尋ねたところ，その場で泣き出してしまい，「こんな感じです」としか，彼女は答えられなかった。

　家族のことは答えられるかと問うとうなずいた。Aは家族と同居していた。両親は親族と一緒に小さな会社を経営しており，芳しくない経営状況のためAの幼少期より喧嘩が絶えなかった。母親はうつ病をはじめとするいくつかの精神疾患で数回精神科通院歴があったようだが，「薬は毒」と言ってほとんど治療は受けていなかった。父は，経営を共にする母方の家族に対する心ない言葉を母に聞かせては母と口論になっていた。また，Aに対しても居丈高な態度を取り，「お前なんかに何ができる」，「こんな簡単なこともできないのか」とたびたび罵るのだった。

　その他，筆者があれこれ質問してわかったことは次のようなことであった。Aは，小学生の頃より友人がほとんどいなかった。いじめはなかったが，友人関係とよべるような友好的な関係もないようだった。高校3年生のときに学校に行くたびに過呼吸発作を起こすようになり，精神科の通院を学校側から勧められたが，母は「気のせい」と言って，通学を続けさせた。保健室登校を繰り

返しながらなんとか卒業と大学受験をしたＡは，過呼吸は落ち着いたものの，今度は大人と話すときに涙が出るようになったとのことだった。授業に出席できていないことを知った担当教員（大学が設置した担任のような存在）との面談でも泣いてしまい，学生相談室の利用を勧められ，来室に至ったようだった。母親にうつ病の既往歴があるようだったので，食欲や睡眠，抑うつの程度等確認したが，特に変化は見られなかった。

　Ａ自身は，涙が出ることにさほど困っていないと言った。アルバイトもしておらず，サークルにも入っていないＡはそもそも大人と話す機会がほとんどなく，「何も困ってない」と言ってのけた。Ａとしては，担当教員の手前，学生相談室に来た，という既成事実が欲しいようだった。しかし，泣き続けるＡの「何も困ってない」を心から信じることはできないと筆者は感じた。そこで，〈Ａさんが困っていたり悩んでいたりしているのかしていないのか，まだよくわからないので，何回か来てみて，それからまた話し合いましょう〉と伝え，初回の面接は終了した。

　Ａとの初回面接の後，彼女の担当教員から筆者宛てに電話連絡があった。Ａはまじめな学生で授業の各課題もきちんと提出していたのだが，学期末が近づくと急に連続して授業を休んだので面談の機会を設けたそうだった。もともと当該教員は学生対応に熱心なことで知られており，筆者はＡとのかかわりに幾ばくかの重圧を感じた。

(2) アセスメント面接

　2回目の面接では，Ａはほとんど泣くことはなかった。前回の面接で，家族のことは比較的話すことができていたので，家族についてもう少し詳しく聞いた。母は気分屋で，機嫌がいいときはＡと2人でショッピングに行ったりするのだが，そうでないときはＡのことを「無能」などと罵るようだった。Ａはそのたびに「ごめんなさい」と謝って泣き，泣くことでまた母親から罵倒されていた。

　Ａは父親のことを「あの人」と呼び，できるだけかかわらないようにしていた。「お金を稼ぐ役割としか思っていない」と，父親との情緒的な交流は避け

ているようだが，ところどころ父親への関心の強さが感じられた。今回のA
の状態を両親も知ってはいるようだが，特に何をすることもないようだった。

　昨晩も急に涙が出てきたというAに，何か思い当たることを聞いたが，「普
通でした」としか返ってこなかった。しかし，詳しく聞いていると，晩御飯の
最中に父親から「どうせテストなんか受けたって単位も取れない」，「大学なん
て辞めてしまえ」と言われたとのことだった。筆者が，〈お父さんから傷つく
ことを言われたことが，涙が出ることに関係しているのでしょうか〉と問いか
けても，「よくわかんないです」とAは答えた。Aは自分自身に起きている現
象には無頓着で，聞かれたことをただ答えているだけのように筆者には思われ
た。「涙は出てもしばらくしたら収まるので」と，やはり困りごとや悩みとし
ては感じられていないようだった。

　3回目，予約時間の少し前に来室したAは，部屋にあった箱庭に目をやり，
しげしげと眺めていた。筆者が〈やってみますか?〉と声をかけると，Aはう
なずいた。手に取ったおもちゃは3つで，左上に小さな針葉樹を，真ん中に犬
を，右下に人を1人，順に置いた。この3つを置くのに25分ほど経過したが
「もういいです」と言い，箱庭を眺めることも拒否した。何とも空虚でつなが
りのない箱庭であった。

　沈黙が流れた。Aとの沈黙は気まずかった。何がそんなに気まずいのかよく
わからなかったが，とにかく居心地が悪かった。それは，Aが視線をそらさず
にじっとこちらを見てくるからでもあり，Aの担当教員からAの対応を個人的
にお願いされているからでもあった。筆者はAのモチベーションを今一つ図
りかねていた。しかしながら，担当教員の手前来室しているだけであれば，1
回あるいは2回ほど来てその後は来室しない判断もできたはずである。アセス
メント面接に来ているのは，何かAなりの動機があるのかもしれないと感じ
た。

　涙を流すか首をかしげるかのAを前に，筆者はAが来室に至っているモチ
ベーションについてしばらく考えていた。ふとAから，「静かな場所は落ち着
きます。静かに過ごしたいです。今はあんまり困っていることはないですけど，
もうちょっと来てみます」と言い，ゆったりとリラックスした雰囲気に変わっ

た。このときの筆者の理解としては，Aは両親からの関心を得ようと，高校生のときに過呼吸発作を起こしたり，現在も涙を流したりするなど，行動の面で情緒を表現していると考えていた。そして，母親に代わって父親と親密な関係になりたいと願うヒステリーではないかと見立てていた。

　また，Aとの面接の気まずさは，A自身の寄る辺なさが投げ込まれているのだろうと感じた。しかし，これらの理解を言葉を変えて伝えたとしても時期尚早で，モチベーションが曖昧なAには伝わらないように思えた。そこで筆者はAの，静かに過ごしたいという意思を尊重したうえで，〈最初に言っていた涙が出ることについては，ひょっとしたらこれまでのご家族とのことも何か影響しているかもしれないですね〉と伝えた。Aは「はあ」と曖昧な返事をしたが，毎週学生相談室に来室する約束をした。再びAの担当教員から入電があり，継続面接の旨を伝えると，「では，今後よろしくお願いいたします」と，それ以降筆者に連絡が入ることはなくなった。

(3) 1年半の経過

　Aは時折体調を崩して面接をキャンセルしながら，ほとんど毎週，学生相談室に来室した。その週にあったでき事を話し，筆者がいくつかコメントをすることはあったが，時間のほとんどは2人とも話すことはなかった。子どもが，学校であったことを帰って来てから母親に話すイメージが筆者には湧いていた。2年生になっていたAは，相変わらず授業を休んだり，見知らぬ人と話して涙が出たりすることを繰り返しており，特に大きな変化が見られないまま，面接開始から1年半ほど経過していた。

　2年生の後期に入った頃，Aは1年生の終わりの頃より，実は毎日微熱が出ており，明日大きな病院で精密検査を受けることになったと報告があった。筆者は驚き，数か月の微熱は心身ともにしんどかっただろう，と心が痛んだ。それと同時に，大きな病院に行く直前にならないと話せないAの，甘えられなさを感じた。

　翌回，未成年のAは母と一緒に病院に行った。大きな病院だったので待ち時間が長く，「なんでこんなところに来なきゃいけないのか」と苛立ちを募ら

せた母は，検査を待つＡを残して先に帰ってしまったとのことだった。不憫なＡは１人で検査を受けた。後日，病院の方から身体的には問題がないので，発熱の原因は心因性かもしれないと伝えられたとのことだった。Ａは，検査のときは涙が出なかったと言い，「なんか，母はこういうときにもいてくれないんだなって…。そう思ったら，諦めというか，絶望というか。なんだかどうでもよくなった感じがして。それで，しっかりしなきゃって思ったんだと思います。でもお母さんのことは好きで…」と泣きながら語った。筆者は〈去年ここに来たときには，何も困ってないって言っていたけれど，お母さんとの関係は割り切れない複雑な思いがあるんでしょうね〉と伝えた。Ａは「家族との間のことが発熱に関係しているかもしれないし，話したい」と以降，これまでの家族との関係について話す面接が卒業まで続いた。

（4）Ａにとっての面接の役割と来室へのモチベーション

Ａは家族からの情緒的なケアが圧倒的に少なく，与えられてもはく奪されてしまう環境で育ってきた。そのため，Ａが自ら心理的支援（ケア）を積極的に求めるには，ケアのはく奪が反復される可能性を感じることで強い恐怖を覚えただろう。担当教員の勧め，という外部の要因でしか，ケアを求めることはできなかったと考えられる。

初回面接では，Ａの担当教員からＡも筆者も「見張られている」ような感覚で，お互いがまるで担当教員のために面接を行っているようだった。しかし，超自我的[1]な担当教員は，Ａにとって初めての心の支えとなって，支援を受けるモチベーションをＡの代わりに引き受ける存在であった。３回目で行った箱庭は，何か具象的に行動することで，面接に意味を見出そうとした結果であると考えられた。内的な表現の受容にしろ現実的で具体的な支援にしろ，Ａは何を筆者に求めたいかわからない状態であった。そのような中，箱庭をやることで不用意に自身の内面が出てしまうことを恐れたため，ほとんどアイテムを置

1　超自我は心の中に内在化された良心のことであり，超自我が強いと，良心的，自己懲罰的，理想主義的な行動をとる性格になる（鈴木，2018）。本文中では，厳しくも良心的でもある，という意味で用いている。

かないまま終えたのだろう。

　アセスメント面接の段階で自覚的に支援を受けたいわけではなさそうであったＡと，ひとまず「静かに過ごしたい」という思いを共有し，当初の問題である「涙が出る」ことに対する理解を漠然と伝えるに留めた。ゆえに，約１年半もの間，Ａとの面接は，「何か困ったことがあったときのため」という保険のような役割となった。

　しかし，原因不明の発熱と通院，それに伴う母への幻滅により，Ａの中で自身の中に抱える問題と葛藤が明確となった。Ａが言っていた「静かに過ごしたい」という願いは自分のために時間を使っても責められないかかわりを求めていたのだろう。それは，病院における待ち時間すら待てない母親と対極にあるかかわりでもあった。１年半の面接は，自身のために時間を使っても責められない体験をＡは重ねていたと考えられる。

　そして筆者との間で家族，特に母との関係を「なんとかしたい」という気持ちが芽生えた。Ａとの面接開始１年半は，問題を見定める第２のアセスメント期間のようであった。筆者から無理やり理解を押しつけられることなく，家族との問題が自身の身体症状に影響を与えているのではないか，とＡ自身が感じるに至ることが重要だったのだろう。当初のＡの面接のモチベーションは非常に曖昧であったが，時間をかけてかかわっているうちに，自分の問題をなんとかしたいというモチベーションが醸成されたといえる。なお，卒業後Ａは就職のために実家を離れ，遠方にて継続的に心理療法を受けることを決めて，筆者との面接は終了した。

4. 改めて，モチベーションを見立てるとは

　前田（1978）や藤山（2008）をはじめとする著名な臨床家の多くは，クライエントによって言語化された十分なモチベーションが治療（精神分析や心理療法）を行うために必要であると述べている。それは，治療が基本的にどこかのタイミングで苦難の道（岡野，2018）を歩むことが想定されているためである。

生半可なモチベーションでは，時間も費用もかかる治療に耐えることは難しいという理解は一般的なものだろう。

　しかし，心理的支援の場に訪れるクライエントは，問題を積極的に解決したいと思ったり心の作業や生き方を見つめる作業を意識的に求めたりしている人ばかりではないのかもしれない。それは，心理的支援が提供する内容の曖昧さに加えて，スクールカウンセリングの普及などで，相談の敷居がかつてに比べて下がっていることも影響しているだろう。モチベーションが曖昧な状態で心理的支援の場に訪れたクライエントであっても，その言葉は「極めて断片的で，患者のかかえている問題の全貌を窺わせるようなものではない」（土居，1992）ことを念頭に置いて，見立てを行う必要がある。

　筆者自身，心理的支援を受けるモチベーションが必ずしも明確でないクライエントに対して，面接が継続していく中でモチベーションが形作られていく可能性がある事例を何度か経験した。それらの事例は共通して，クライエント本人は困りごとや悩み，問題に対して無自覚的であり，明確なモチベーションは見受けられなかった。また，家族からの情緒的ケアが不十分なクライエントでもあり，気持ちや考えに目を向ける機会が非常に少ないようであった。そのため，クライエント本人や家族よりも筆者の方が困ったり悩んだりしていた。換言すると，クライエント本人や家族が引き受けられない葛藤や問題を，カウンセラー／セラピストが一定期間引き受ける必要がある事例であった。クライエント本人に支援を受けるモチベーションが意識化されていないとき，モチベーションがないといってカウンセラー／セラピストが手を離すのは，あまりにも画一的な対応なのではないだろうか。少なくとも，カウンセラー／セラピストがそのクライエントに問題や困りごとがあるように考えるのであれば，モチベーションが意識化されていなくとも，支援の可能性を探る選択肢はあってもよいだろう。

　筆者は，モチベーションが曖昧なクライエントの見立てでは，クライエントの意識的なモチベーションとクライエントの中にある言語化されないモチベーションの見立ての両方が必要だと考えている。今回のＡとの事例の場合は，前者が「静かに過ごしたい」とのＡの思いであり，後者が「Ａの流涙は両親か

ら投げ入れられた怒りや悲しみが，言葉にならずにあふれ出ている」といった見立てである。しばらくは意識的なモチベーションに寄り添いながら面接を重ねることで，新たなモチベーションが形作られていく機序についてかつて示した（元木，2023）が，家族について考えるという新たなモチベーションがAにも生まれた。

　アセスメント面接の段階で，クライエントの無意識的なモチベーションを伝えても，それを受け取る準備はできていないことが多い。ゆえに，カウンセラー／セラピストからの見立ては，時期が来たときに初めてその存在や影響に気がつく程度の内容量に留めるべきであろう。

　支援の場に訪れた人すべてに，心理的支援が提供される必要がないことは自明である。しかしながら，心理的支援を受けるモチベーションは言葉にしがたく，時間の経過とともに変化し得る。その可能性をカウンセラー／セラピストが念頭に置きながら，どのような支援を提供するかあるいは提供しないかを判断することが重要だと筆者は考える。

●文献

土居健郎（1992）．新訂　方法としての面接——臨床家のために．医学書院．

藤山直樹（2008）．集中講義・精神分析㊤——精神分析とは何か　フロイトの仕事．岩崎学術出版社．

北山修（2002）．動機．小此木啓吾（編）．精神分析事典．岩崎学術出版社．

前田重治（1978）．心理療法の進め方——簡易精神分析の実際．創元社．

Maslow, A. H. (1954). *Motivation and Personality*. New York：Harper & Row. 小口忠彦（監訳）（1971）．人間性の心理学——モチベーションとパーソナリティ．産業能率大学出版部．

元木幸恵（2023）．動機のあいまいさをめぐる心理臨床学的研究．京都大学博士論文．

岡野憲一郎（2018）．精神分析新時代——トラウマ・解離・脳と「新無意識」から問い直す．岩崎学術出版社．

新村出（編）（2018）．広辞苑 第七版．岩波書店．

鈴木智美（2018）．第5講　無意識の発見．古賀靖彦（編）．現代精神分析基礎講座　第1巻　精神分析の基礎．金剛出版．

山崎孝明（2021）．精神分析の歩き方．金剛出版

第2部

見立てにおける
イメージの活用

第5章

非言語表現の見立てと支援方針をめぐって
心理臨床家が自戒すべきこと

新居 みちる

1. 問題と目的

　臨床心理面接では，言語面接の他，プレイセラピーや描画などの非言語や身体表現に軸を置いた心理療法も求められる。心理臨床における非言語の意味について，新居（2018）はうつ病者への集団芸術療法の視点から，鍛冶（2020）は身体性について検討しているが，これらのテーマに関する研究はまだ数少ない。

　非言語・身体表現的心理療法が開始される前に，「非言語表現の見立てと支援方針」を立てる必要があるが，実践経験を有する心理臨床家（以下，臨床家と略記）であっても，非言語表現に明るくなければ，クライエント（以下，Clと略記）の非言語表現を扱いきれないがゆえに不適切な見立てやClのニーズとは異なる支援方針を無自覚にも立ててしまうことが生じ得る。しかしながら，そのようなことが生じ得る状況や背景要因の検討は充分になされていない。

　そのため本稿では，「非言語表現の見立てと支援方針」をめぐって臨床家が自戒すべきことについて検討し，「Clの非言語表現をどのように支えていくことが望ましいのか」，「Clの非言語表現を支えることができる臨床家の素養と

それらの涵養には何が必要であるのか」について芸術療法を実施してきた立場から考察を試みたい。

2. 「ことば」と「非言語表現」の種類

そもそも臨床家が扱う心理臨床における「ことば」とは，どのようなものなのだろうか。まずは臨床家が扱う「ことば」の概念整理をした後に，CI の見立てや支援方針を立てる際に必要な「非言語表現」に着目して，その種類を概観する。

(1)「ことば」と「表現」

「ことば」は，言葉を用いる「言語」と言葉を用いない「非言語」に大別できる。また，「言語コミュニケーション」には，手話や書記言語である筆談などの非音声言語を用いたコミュニケーションも含まれ，「非言語コミュニケーション」には，声の調子や話すスピード，声の強弱や高低，沈黙，イントネーションなどコミュニケーションの際に言語情報を補う言語以外の音声であるパラ言語によるメッセージの他に，表情や姿勢，服装などの外見，手振り身振りや視線（アイ・コンタクト）などの身体の動き，対人距離（パーソナル・スペース）などの非音声メッセージも含まれる。

このように「言語」と「非言語」をみていくと，「非言語」はより身体性を伴う言語であり，「非言語コミュニケーション」は「言語コミュニケーション」を補う役割を果たしていることがわかる。

一方で聴覚障害者に対して心理臨床を実践してきた河﨑（1996）は，われわれが従来「言語」と呼んできたものの多くは音声言語を意味し，「非言語」とされる身体言語は，聾者にとってはまぎれもない言語そのものであると明示している。そして，音声言語を自由に使いこなすことのできない（あるいは，自らの「ことば」としない）聾者や難聴者たちが心理臨床の対象から除外されてきたことに警鐘を鳴らしている。28 年経った現在も，心理臨床業務の大前提

第 2 部　見立てにおけるイメージの活用

に「CI との音声言語のやり取り」が置かれ，多様な「非言語」を受け取れる
媒体として機能できるような臨床家の教育訓練制度は未だ整っていない。
　筆者は，音声の有無に限らず言語・非言語を含めた「ことば」には，他者へ
向かうコミュニケーションの道具として用いられるものもあれば，方向性をも
たないものもあり，臨床家は CI のその時々の多様な「ことば」を価値づけせ
ずに受け取れる媒体として機能できる力を身に付けていく必要があると考えて
いる。また，臨床家のそれらの素養は，本書のテーマである CI の見立てや支
援方針を立てる際にも必要となるといえるだろう。
　本稿では，音声の有無に限らず言語・非言語を含めた「ことば」のすべてを
「表現」と捉え，いわゆる言葉を用いる表現を「言語表現」，言葉を用いない表
現を「非言語表現」として表記する。

(2)「非言語表現」の種類

　見立てと支援方針を立てる際に，「言語表現」の内容に着目し「非言語表現」
の在りようへの着目は「臨床像」として観察する程度になりがちであるが，
「非言語表現」の情報量ははるかに多く，支援に還元し得る可能性が高い。そ
れでは，「非言語表現」の種類にはどのようなものがあるだろうか。

1)「非言語表現」のツール
　たとえば，「非言語表現」は，身振りや姿勢，表情，目の動きなどの「身体
動作」や，容貌，頭髪，スタイル，皮膚，体臭などの「身体特徴」，スキン
シップなどの「接触行動」，泣き・笑いや声の高低・リズムなどの「近言語」，
人との距離の取り方や着席動作などの「空間の使い方」，化粧や服装，アクセ
サリーなどの「人工物の利用」など多様なツールがある。インテークや臨床心
理面接場面においては，これらの「非言語表現」のツールをアセスメントに役
立てることができる。

2) プレイセラピーや芸術療法における「非言語表現」と見立て
　プレイセラピーや芸術療法などで制作される作品ならびに遊びや制作行為も

o66

「非言語表現」として捉えることができる。

　樋口（2008）は被虐待児のプレイセラピー過程を報告し，遊びの中で言葉の「メタファ（暗喩）」を用いることで，児童は虐待の事実と適度な間合いを取れるようになり，セラピストがメタファの水準に応じた「メタファ的応答」を創り出すことに治療的意義があると述べている。作品・遊び・制作行為にも非言語の「メタファ機能」があり，非言語による「メタファ的応答」にも治療的意義があると思われるが，今後検討を重ねることが重要である。また，臨床家が言葉や非言語のどちらの「メタファ的応答」を行うにせよ，作品・遊び・制作行為（非言語表現）についての見立て力を要する。

　実施する心理療法においても目前のClにはどのような手法が適しているか見立てる必要がある。たとえば，新居（2015）は，非言語・身体表現による「自己洞察アプローチ」や「問題解決アプローチ」を要するのか，言語表現による「自己洞察アプローチ」や「問題解決アプローチ」を要するのか，Clの課題や自助資源の見立てが重要であると論じている。

　芸術療法の見立てにおいて，Orbach（2020）は，個人には芸術作品の創造プロセスにおけるその人独自のアクションがあると「スピリチュアル・ブループリント」という概念を呈示し，現象学的観点から，線，質感，構成，好む動作の特徴，材料，扱い方など制作上のクオリティの観察から一貫した表現を発見できること，その表現には真正性があり治癒のプロセスを補助すると示唆した。さらにHinz（2019/2023）は，Clが何を描いているのかの解釈よりも，どのように描いているかに着目し，その視点は最近のアートセラピーにおけるアセスメント研究の動向であると指摘している。

　以上，多様な「非言語表現」の種類を概観してきたが，これらが充分に認知されているとは言い難く，各々の「非言語表現」の基礎研究の実施ならびにケースとの出会いを重ねる中で心理臨床における各々の「非言語表現」を活用したアセスメントが検討される必要がある。

第2部　見立てにおけるイメージの活用

3. 言語至上的見立てと支援方針の弊害

　臨床家は Cl の多様な「非言語表現」をどのように受けとめ，臨床心理面接の中で機能させているのだろうか。

　臨床場面では「言語化」の生産的意義がもともと期待されていること（齋藤，2000），臨床家の教育訓練の中に非言語表現を扱う感性教育が組み込まれていないことなどから，臨床家の「非言語表現」への認識は，「言語」と対の「非言語」や，「言語面接」と対の「非言語的心理療法」のような大括りな認識で，音声言語を用いる「言語面接」への比重が高いのではないか。このような認識のみでは，多様な Cl の「非言語表現」を読み解く必要がある場面でそれらを軽視し，結果的に言語至上的態度に傾き，見立てや支援方針，その後の支援に弊害を及ぼしかねない。

　よって，筆者がこれまで経験した複数事例をもとに統合した事例から「臨床家の言語至上的な見立てと支援方針の弊害」について言及したい。

（1）言語至上的な心理検査結果の見立ての弊害

　発達特性の把握と支援方針の検討を目的に知能検査が実施されることはよくあるが，臨床家の言語至上的態度が心理検査の結果を読み解く際に影響することが多々ある。

事例A：話すことが苦手なA

　「話すことが苦手で学級に馴染めない」という主訴をもった小6男児A。SST（ソーシャルスキル・トレーニング）の実施を目的に担任やスクールカウンセラー（以下，SC と略記）から紹介され来談。臨床心理面接場面では，毎回自ら好きなイラストを描き，言葉数は少ない。4回の臨床心理面接後に WISC-Ⅴ が実施された。検査場面では3回の休憩中にことわりを入れ何度もその場でジャンプをしていた。その後，疲労がみえたため検査は2日に分けて実施された。

o68

WISC-Ⅴの検査結果の数値で「言語理解」以外の指標は平均以上で，検査場面で意思疎通が取れたと検査者は判断したため，「言語理解は不得手であるが，社会的状況に応じ適切に言語コミュニケーション様式を選択することが可能で疎通性も良好である。全般的に年齢相当の適応を維持できている」と見立てた。

さらに，これらの見立てに則り「言語コミュニケーション能力は適応上の問題を生じさせ得る水準ではないため，言語面接を基本として，Clの知識の底上げをも念頭に言葉を紡ぐ力を涵養する。非言語的心理療法を用いる際には，スクイグル法などで相互にコミュニケーションを図ることが望ましいだろう」と，言語や社会技能の促進に重きを置いた支援方針が立てられた。

まず，「非言語表現」の観察において，Aのように何度も休憩を求めたり，休憩時間中に出現頻度の低い行動が把握されることもある。また，検査時間が長時間に及び検査が数回に分けて実施されたり，特定の検査項目で時間を要し疲労がみられることもある。そこにはCl固有の困難さが色濃く表れるともいえるが，心理検査結果の「数値」や「言語表現」を最重要視してしまうと，休憩時に検査者に言葉でことわりを入れることができたことを「適切に言語コミュニケーション様式を選択することが可能」と捉え，頻発する休憩や出現頻度の低い行動，検査項目による疲労など「非言語表現」に表れている重要なサインを見落とし，検査結果の分析に含めずに見立ててしまうことも生じ得る。

つまり，言語表現（Clの心理検査結果の数値と言葉）＞非言語表現（Clの行動）という検査者の言語至上的態度が検査結果の分析に影響を及ぼし見立てが生成されてしまう。また，検査者と被検査者の二者間には検査以外では刺激も少なく，同年齢集団で必要となる言語的推理や言語表現，同時処理が求められることはないため，集団場面でのClの困難さや疎通の悪さが心理検査場面で表出することは稀であることも言及しておきたい。

以上のような言語至上的態度から「言語コミュニケーション能力は適応上の問題を生じさせ得る水準ではない」と心理検査結果の見立てが生成され，この文脈から，「話すことが苦手」という主訴や臨床心理面接でAが自ら描画しているという非言語表現の事実さえも遺棄され，実生活場面でAの自己表現の

第2部　見立てにおけるイメージの活用

在り方をめぐる困り感に触れられることがないままに，言語や社会技能などの言語表現の促進を目的とした支援方針が立てられていくことが考えられた。

このように，Cl の心理検査結果の「数値」や「言語表現」からは読み取れないことがあるからこそ，検査結果の分析には慎重を期す必要があり，心理検査実施場面や臨床心理面接場面における Cl の「非言語表現」をも重視し，「言語表現」と「非言語表現」の双方のデータからの総合的な見立てが肝要である。

(2)「言語表現の主訴」と「非言語表現（身体言語）の主訴」の両側面からの見立て

Cl の支援方針は，Cl の主訴に応じた臨床家の見立てに基づいて立てられる。主訴を Cl の話し言葉で記述することを鑑みても，事例 A のように，Cl の苦手な側面に支援方針の焦点が当てられることは多い。そこには，Cl の主訴に沿った支援を提供することがサービスであるという臨床家の職業理念があるだろう。

一方で，Cl の語る「言語表現の主訴」と，「身体言語」ともいうべく「非言語表現の主訴」が異なることも多い。そのため，臨床家は「言語表現の主訴」と「非言語表現の主訴」の両側面について充分に留意する必要がある。次の事例 B を基に考えてみる。

事例B：失声症のB

インテーク時に筆談で語られた失声症の B の「言語表現の主訴」は，「声が出ずに困っているので，声が出るようになりたい」というもので，失声症状という身体性の「非言語表現」を呈していた。この場合，B の「言語表現」で語られた「声が出るようになりたい」という意識レベルの主訴と，実際の失声症状という「非言語表現」との間には解離があり，「非言語表現」には「音声言語で話したくない」という無意識レベルの強い意思が潜在すると捉えられた。その証拠に，本来「声」は主体としての B が「出す」ものであるため「声が出せるようになりたい」という語りになるところ，「声が出るようになりたい」と，B の主体は「声」であるかのような語りが特徴的であった。

その後の筆談を通した言語面接や芸術療法などの非言語的心理療法を軸にし

た臨床心理面接の過程で，夫婦間不和があり，失声状態であることで配偶者から心配されることが明らかになり，臨床家はBの「配偶者の注意関心を引くため失声状態でいたい」という「非言語表現」に隠された「無意識レベルの真の主訴」を知ることになる。

このように「言語表現の主訴」と「非言語表現（身体言語）の主訴」との間に解離がある場合，「言語表現の主訴」である「声が出るようになりたい」を尊重しながらも，「非言語表現（身体言語）の主訴」である「音声言語で話したくない」の背景にある内容に焦点を当てていくことになる。

事例Bでは，「言語表現」と「非言語表現」の両側面の主訴から見立てることが肝要であることを概観したが，支援方針を立てる際にも両側面の主訴からの見立てに則る必要がある。以下にその根拠を述べる。

(3)「言語表現の主訴」にのみ則った支援方針の弊害

事例Aの「話すことが苦手で学級に馴染めない」という「言語表現の主訴」や，「言語理解」が平均以下という心理検査結果の「数値」などの「言語表現」に着目した見立てから，言語や社会技能の促進を目的に支援方針が立てられているが，このような療育的支援方針のもと，支援を行う臨床家は多い。

寡黙なAは臨床心理面接場面で親切にも自ら好きなイラストを描いてくれている。それらの「非言語表現」は，音声言語が伴わない，または方向性をもたないようにみえるものであったとしても，臨床家との出会いや関係性から紡がれ，「つながる手立てがない」と感じている心細い臨床家への気遣いである可能性もある。

加えて，描画という「非言語表現」は，Aが慣れ親しんでいるA自身の「ことば」そのもので，既に多くの「ことば」を発している。それにもかかわらず，前述のような言語至上的な言語面接への促しは，Aの「非言語表現」を切り捨てた「このまま話すことが苦手な状態でいてはいけない」という臨床家側の非言語メッセージの伝達になる。

「話すことが苦手」と述べるAは現実の社会生活場面でも苦悩し自己肯定感や自己受容感が低いと推察するが，面接場面でも同様の想いを噛みしめる追体

第 2 部　見立てにおけるイメージの活用

験になり，その後の面接が，言語訓練のトレーナーとトレーニーのような関係性のもとに発話トレーニングが展開され，双方が疲弊する可能性が高まることは容易に想像がつく。臨床家の「非言語表現への無理解」と「発話を重視する療育的観念」こそ戒める必要があるだろう。

　一方，事例 B に対して，「声が出るようになりたい」という意識レベルの「言語表現の主訴」からのみ見立てが立てられた場合，意識レベルに焦点が当てられ，音声を伴う「言葉」を取り戻すための治療目標が立てられる可能性がある。面接過程は「声が出る・出ない」の表層の身体症状や，「なぜ失声しているのか」という周辺部のエピソードを筆談でなぞらえるものになり得るからである。

　他方，「音声言語で話したくない」や「配偶者の注意関心を引くため失声状態でいたい」という B の身体性や無意識レベルの「非言語表現の主訴」へも着目し，「言語表現」と「非言語表現」の両側面からの見立てが立てば，支援方針の幅は自ずと広がる。たとえば，B の「言語表現の主訴」をも尊重しつつ，身体言語をプレイフルに扱うダンスセラピーや楽器演奏などの音楽療法，絵画・造形など視覚芸術を用いる芸術療法などを用いて，欲求の向かう先や身体言語の意味への探求などに治療目標を置くなどである。

　このように，音声言語の表出の有無にまつわる「言語表現の主訴」に則った見立てや言語面接による支援だけでは，表層のみを筆談（言語）で扱うことになり，失声という解離した「非言語表現」そのものに触れることが難しく治療抵抗が生じやすくなる。そのため，「言語表現」と「非言語表現」の両側面の主訴からの見立てに則った支援方針が大切で，「言語表現」と「非言語表現」の間に解離が生じている場合には非言語的心理療法が支援の一助となる。

(4)「言語至上的な非言語表現に対する信念」を再考する

　A に対する療育的支援方針の基盤には，臨床家の言語至上的態度があり Cl の「非言語表現」の遺棄につながることを論じたが，「言語至上的な非言語表現に対する信念」はどのように Cl に影響を及ぼすのだろうか。

1)「非言語表現は言語表現の前段階の表現形態である」という信念

　事例 A のように「話すことが苦手」で環境との適合に困難さを抱えている CI の多くは，同年齢集団との音声言語を用いた言語コミュニケーションが求められる社会生活場面で苦手意識を抱くようになったと捉えられがちであるが，意外にも「話すことが苦手」という意識を植え込んでいるのは教育者や臨床家である場合がある。A 自身も教育機関の専門家集団から SST の実施を目的に紹介され来談に至るなど，暗に「このまま話すことが苦手な状態でいてはいけない」というメッセージを受けており，この時点で心理療法の前提が非言語的な在り方からの脱却と音声を伴う言語コミュニケーションの獲得に向けられたものになっていることを臨床家は自覚しておく必要がある。

　そして，これらの支援方針の基盤にある教育や心理の専門家集団が抱きがちな「非言語表現は言語表現の前段階の表現形態である（それ故に言語表現への療育的支援を要する）」という「非言語表現に対する信念」の見直しを要するのではないだろうか。さもなければ，言語表出が求められる社会生活場面で CI が受けてきた傷つき体験による一次被害，教育者や SC など教育現場の専門家による二次被害に留まらず，心理臨床の専門機関における言語表現の上達を目指す支援によって三次被害にまで被害を拡大させることになりかねない。

　また，音声言語で「話すことが苦手」な CI の要因は，発達障害や知的障害，聴覚障害など知能の特性や器質的な問題によるものだけではなく，抑うつによる心身エネルギーの低下や事例 B のような失声症や場面緘黙症など気質・性格的な問題や心因性など，CI 一人ひとり異なる。それゆえ，CI の「ことば」の在りようを的確に見立てたうえで，社会的望ましさにとらわれることなく，多様な「ことば」をありのままに受容できるよう日々の鍛錬こそ重要である。

2)「非言語表現は言語コミュニケーションの手段である」という信念

　臨床家が抱きやすい「言語至上的な非言語表現に対する信念」の2つ目に「非言語表現は言語コミュニケーションの手段である」というものがある。A のように，音声言語の表出を目的に非言語的心理療法が実施されることは珍しくない。そこでは，寡黙な CI を前に困惑した音声言語への療育的観念をもっ

第 2 部　見立てにおけるイメージの活用

た臨床家が，「遊びや描画などの非言語表現を言語コミュニケーションを紡ぐ手段に用いたい」という願いから実施される。

しかし，面接の場でどのような「ことば」を選択するか決定するのは Cl 自身であるということ，臨床家が非言語表現そのものを「ことば」であると深く認識し読解力を有しているならば，必ずしも発話へと帰結させる発想には至らないはずである。たとえ，遊びや描画が沈黙の中で行われ，そこに添えられる言葉がなくても，極めて自閉的な行為にみえたとしても，点や描線一本だけの表現や白い画用紙に何も描かれることがなくても，それは Cl の非言語表現を包含したそのときどきの在りようであり生命（いのち）の表現そのものである。Cl の生命（いのち）の表現を信頼して共にいること，共に感じ考えること，共に想像すること，このような表現へ寄り添う並列な地点から生成される見立てや支援方針は，その後の心理臨床学的支援における創造性を発動させ得る力を宿している。

4. Clの「ことば」に寄り添うために

ここまで非言語表現の見立てと支援方針をめぐり臨床家が自戒すべきことをさまざまな視点から問題提起してきたが，そこには一様に「わからない非言語表現への耐性のなさ」があり，臨床家からみた意味・形のあることば（表現）以外は拾う必要がないかのように，Cl の非言語表現についての見立てと支援方針が容易に遺棄される危険性をはらんでいた。

新居（2021）は，芸術療法の導入にあたり，8 つのアセスメント項目における着眼点として，①病態水準，②身体面・知覚面，③心理面，④自我機能・人格，⑤心的外傷体験，⑥対人関係・コミュニケーションの在り方，⑦制作道具・素材への関心とそれらへのかかわりの在り方，⑧技術面などを呈示した。

特に②⑥⑦⑧は非言語・身体表現のアセスメント項目となるが，たとえば②では身体疾患の有無や疾患の内容，色覚異常・不潔恐怖・感覚過敏・心臓疾患・脳機能障害などの有無，⑥では言語表現と非言語表現の特徴と優位性，対人関係における自閉性と開放性，どの程度のパーソナルスペースを要するか，

⑦では最後に創造活動を行った時期，内容，制作道具や素材へのかかわり方を，⑧では手先や視覚刺激，抽象概念，同時処理の扱い方，表現への不安感情の有無などをアセスメントする。

芸術療法ではClの身体が素材に触れることを通して，Clは生身の自己に触れ，非言語・身体表現を可能にする反面，より傷つきやすい状態に置かれることも念頭に入れ，導入前には上述したようなリスクマネジメントや配慮すべき点の把握を目的としたアセスメントを要する。導入後はClの制作した作品を含めた非言語・身体表現を通し，Clのこころや身体性，ケアや治療方策を考え，治癒への糸口を探すことを目的にアセスメントを実施することが大切である。

ここでは芸術療法のアセスメントを論じる中で非言語表現の見立てを例に挙げたが，臨床家はどのような「ことば」が紡がれても良いようにコミュニケーションの媒体の幅を広げるよう努めること，見立てや支援方針の立脚の際にはClの主要な「ことば」を見立て「わからない表現への耐性のなさ」を自覚し踏みとどまること，Clが自らの「ことば」の在りようを自己受容できる感覚をもてるようClの「ことば」へ寄り添い探求し続ける営みが大切である。そのような臨床家の姿勢は「わからない表現への理解」を深め，人間理解すなわち「見立て」の糸口になるだろう。

●文献

新居みちる（2015）．リワークにおける集団精神療法の課題と分類概念の提案──集団芸術療法の実践における考察から．京都大学大学院教育学研究科紀要，**6**，149-161.

新居みちる（2018）．うつ病者の回復過程に関する心理臨床学的研究──集団芸術療法の視点から．京都大学大学院教育学研究科博士論文.

新居みちる（2021）．芸術療法の適応・効果とその限界──うつ病者に芸術療法を実施する際のアセスメントの観点から．精神科，**38**（1），66-73.

樋口亜瑞佐（2008）．プレイセラピーにおける言葉のメタファの観点からの一考察──児童養護施設の被虐待児の事例から．心理臨床学研究，**26**（2），129-139.

Hinz, L. D. (2019). *Expressive Therapies Continuum: A Framework for Using Art in Therapy* 2nd Edition. 市来百合子（監訳）（2023）．アートセラピー実践ガイド──クライエントに合わせた素材の選択から活用まで．誠信書房.

鍛冶美幸（2020）．心理臨床における身体性の理解と実践．京都大学大学院教育学研究科博士論文．

河崎佳子（1996）．聾者の心理療法と「ことば」――聴覚障害施設における心理相談の試み．心理臨床学研究，**14**（1），75-85.

Orbach, N.（2020）．*The Good Enough Studio: Art Therapy Through the Prism of Space, Matter, and Action.* Independently published.

齋藤久美子（2000）．精神療法における「情緒」と「言語化」．精神分析研究，**44**（1），46-51.

第6章

身体で,「見立て」る

鍛治 美幸

1.「見立て」における身体への注目

　心理療法でクライエントと出会うとき,語られる内容以上に,その服装や表情,あるいはちょっとした仕草に強い印象を受けることがある。またクライエントから向けられた視線の鋭さに,常にない緊張を抱くこともある。そこには互いの身体に対して注がれるまなざしがある。

　現在,広く用いられている力動的な心理療法は,精神分析をその礎石としている。しかし,寝椅子を用いる精神分析に比べ,対面式で実施される心理療法では,クライエントとセラピスト双方が面接時間中,相互に視覚刺激の影響を受け続ける(Steiner, 2011/2013; Lemma, 2015)。そこで本章では見る／見られる身体を,力動的な視点から「見立て」に用いる可能性について論じたい。

　「見立て」を行う際に最も重きを置かれるのは,クライエントの言葉に耳を傾けること,すなわち聴くことであろう(松木,2015)。ただしこの聴き方は,いくつもの道筋を有する。髙橋(2024)は,心理療法の基本を「聴くこととそれに応じて伝え返す(語る)こと」としているが,この「『聴くこと』には,身体で聴く,つまり気配やたたずまい,表情や服装など,すべてを感じ取るこ

第2部　見立てにおけるイメージの活用

と」（髙橋，2024，p. 8）が含まれると述べている。

　また土居（1992，p. 38）は面接の進め方について説く中で，主訴を尋ねる前やそれと同時に，「面接者は相手の外観から何らかの印象を受けるものである。すなわち，表情・態度・服装は，本人の話とは別に，本人の人柄について何事かを面接者に語り掛ける。」と述べている。すなわち，クライエントの身体に注目しながら聴くこと，さらにセラピストの身体にも意識を向けることが，「見立て」に際して重要な意味をもつと考えられているのである。

2.　精神分析における身体と「見立て」

　北山（1997，p. 602）は，「見立て」とは「『距離を取って対象把握を行う』ための仕掛けとして比喩を発見する試み」であるとし，乳幼児期がこの比喩の源泉となると述べている。ただしこの源泉たる乳幼児期の体験は，基本的に非言語的なものであり，発達初期の養育者との非言語的関わりがその原型を形作っている。そして，発達初期における原始的な心理過程である一次過程が優勢で，体験を表象化して言語的な次元で思考することが困難なクライエントにおいては，思考されることなく抱えきれない葛藤が身体次元で表出されるものとなる。

　そこで次に，精神分析の諸理論において，こうした身体表現や身体的体験，あるいは身体を介した交流をどのように捉えてきたかを概括したい。

　精神分析の祖 Freud, S. が精神現象の中心に据えたリビドー（Libido）は，本来的には身体感覚を伴う生理的基盤をもつものであった（Hinshelwood，1991/2014）。さらに彼は，「自我とはまず身体自我（身体を通して自らを意識する自我）」（Freud，1923/2007，p. 21）であるとし，自我を個人の身体に向けられたリビドー化された関係性の精神的表象として捉えた。そして実践においては，「被分析者は，そもそも，忘却され抑圧されたものを想起するのではなく，これを身をもって演じるのである。被分析者はそれを，想起としてではなく，行為として再現するのである。」（Freud，1914/2010，p. 299）とし，無意識の葛藤が身体を通して表出されることを示唆している。

第6章　身体で,「見立て」る

　対象関係論を提唱した Kline, M. の理論も身体を舞台に展開している。子ど
ものプレイアナリシスにおいて, Kline の視線は身体を介した情緒の表出に集
中している (Klein, 1932/1997)。またその理論においては, 乳房や性器, 口唇
といった身体部位が象徴的な意味をもって論じられ, 転移を形作る無意識的幻
想の源泉は身体感覚にあるとされている。それらは幻想であると同時に, 乳児
の生々しい身体的体験を基盤にしているのである (Hinshelwood, 1991/2014)。

　Kline に学び, やがて独自の理論を展開させた Winnicott, D. W. は,「精神と
いう言葉は, 身体的な部分, 感情, 機能, つまり, 身体的に生き生きしている
ことを想像力によって練り上げること」(Winnicott, 1949/2005, p. 296) と述べ,
精神の起源を身体に置いている。彼の提唱したホールディング (holding) とい
う概念は, セラピストがクライエントを心理的に抱える機能を意味するが, こ
れは現実の母親による身体次元でのケアに由来している (Winnicott, 1960/1977)。
また Bion, W. は, 初期にはプロトメンタルシステム (proto-mental system) とい
う概念をもって, 発達初期の心身が未分化な段階を仮定したが (Bion,
1961/1973), 晩年にはさらに思考現象の下地となる身体の役割に注目している
(Bion, 1979/2016)。

　こうした理解をより科学的な視点から支持するものとして, Stern (1985/1989)
が臨床乳児に関する精神分析理論と被観察乳児から得た知見をもとに提示した
発達論がある。彼は観察データと自身の臨床経験を統合し, 乳児の自己感の発
達において養育者が示す非言語次元での関わり合いの重要性を説いている。ま
た情動科学や神経科学の領域においても, 心身の不可分性や身体が心の発達に
及ぼす影響が論じられている。Beebe, B. らは間主観性理論の立場から, そうし
た科学的知見を取り入れた乳児研究を精神分析に統合し, 早期の養育者との非言
語的交流によって培われた手続き記憶が, その後の情緒的, 関係的な機能に影
響を及ぼすという理解のもと, 研究と実践を行っている (Beebe et al., 2005/2008)。

　このように精神分析は, 創成期から今日まで, 表象次元と現実の双方を視野
に入れながら, 身体と精神を分かちがたいものとして捉えつつ展開している。
そしてそれは, 精神分析に依拠する力動的な「見立て」の作業においても同様
である。Gabbard (2010/2012) は, 近年の神経科学の知見が精神力動的なアプ

第2部　見立てにおけるイメージの活用

ローチに及ぼす影響の大きさに言及し，「見立て」の作業において非言語的コミュニケーションが一層重視されるようになったことを指摘している。また Lemma（2016）は，「身体性（embodiment）が心を形作っている」と述べ，早期の身体的体験が心的発達に及ぼす影響を指摘し，アセスメントにおける身体への注目の重要性を論じている。彼女は，セラピストが「言語化も象徴化もできず，意図的なコントロールや組織化された思考の外側で作動する身体的・感覚的プロセスに同調する必要がある」（Lemma, 2016）と述べている。

　ところで，面接場面でセラピストのまなざしがクライエントに注がれているのと同時に，クライエントもまた面接中のセラピストを見て，感じている。そのため，クライエントに見られているセラピストの身体もまたその関係性の一部として作用し，クライエントの心の内にある対象関係に基づく転移・逆転移の展開を規定する要因となっていると考えられる。ただし，視覚情報はセラピストとクライエント双方に大きな影響を与え，転移を希釈する可能性をもつ（Freud, 1913/2010）。したがって，対面式の心理療法において見る／見られる身体に注目する際には，クライエントの身体表現のみならず，セラピスト側の身体的体験や，両者の身体次元での交流も含め，多元的かつ慎重に取り組む必要があろう。

3. 見る／見られる身体の「見立て」

　次に，見る／見られる身体という観点から「見立て」を行う際に注目される，身体表現や身体的体験，身体次元での交流について検討する。

（1）服装や髪形，持ち物を含めた外見

　これらは対面時に最も目につく部分であり，一見して好感を抱かせるものもあれば，場にそぐわぬ華美さや，その逆の極端に質素な装いが強い印象を与える場合もある。さらに印象的な持ち物や，どこかちぐはぐな身だしなみが与える違和感もまた，クライエントを理解するための重要な情報となる。Freud

（1905/2009，pp. 96-97）はドーラという少女の治療において，彼女が身に付けていた「ポシェット」が象徴する性的な意味を解釈に用いている。

　事例研究において，部分的にクライエントの服装に言及しているものは多い。しかし近年，装い自体に主眼を置いたものとして服装倒錯やトランスジェンダーに関する報告がある（Meyer, 2011; Lemma, 2015）。たとえば Lemma（2015）は，トランス女性との精神分析的心理療法において，クライエントの不似合いな服装に当惑させられた例を紹介している。そしてそれが，幼時期に母親のまなざしに宿った嘲笑と歪曲の投影同一化であると理解したことで治療的な進展がもたらされたと報告している。

（2）姿勢や表情，動作等の動的な身体表現

　Freud は，『ヒステリー研究』（Freud, 1895/2008）で紹介している複数の症例において，患者の身体姿勢，動作や筋緊張，発声や舌打ちといった動的な身体表現について詳細に記録している。さらに先に紹介したドーラの症例では，彼女の無意識的な性的衝動をその動作の中に読み取り，「口を閉ざす者は，指先がしゃべり，全身から噴き出す汗によって秘密が漏れる。」（Freud, 1905/2009, p. 241）と述べ，身体動作が言語化しがたい心の内を雄弁に語る様子を描写している。

　また近年の科学的知見を取り入れた立場からは，クライエントの身体動作に注目した研究が進んでいる。そこでは単なる動作の観察にとどまらず，セラピストが自らの身体感覚を通してクライエントの身体表現に同調しながらその心理的意味を探索することで，発展的な理解が得られることが示唆されている（Beebe et al., 2005/2008; 鍛冶, 2013, 2018）。

（3）セラピストの身体的逆転移

　逆転移は，Heimann（1950/2003）がその治療的意義を論じて以来，クライエント理解と面接過程の進展のために活用されている。さらに，McDaugall（1989/1996）が分析家自身の身体をめぐる連想について論じ，Ogden（1994/1996）が分析家の体験する身体的妄想や身体感覚を逆転移として捉えるなど，後の分

第2部　見立てにおけるイメージの活用

析家によってこれを身体次元で検討する視点が加わった。1990年代後半以降は，こうした現象を身体的逆転移（somatic countertransference）として扱った事例が複数報告されている。その中でRoss（2000）は，Sandler & Holder（1973/2008）が示した，「患者の特定の性質によって分析家の中に引き起こされた特定の感情的反応」という逆転移の定義を援用し，身体的逆転移とはセラピストの中に喚起された感情的反応と同様に，身体的なそれも含めるよう拡大したものであると定義している。

　近年ではBronstein（2015）やLemma（2015）らが，対象関係論の立場から身体的逆転移について論じている。特にBronsteinは，セラピストが体験した身体的違和感の探索が逆転移の理解を促進した例をあげ，乳児期の身体的体験によって構築された，身体化された幻想（embodied phantasy）が転移や逆転移に及ぼす影響の大きさを示唆している。

4. 臨床素材

　次に筆者が経験した複数の事例をもとに，事例Aとして提示し，見る／見られる身体に注目した「見立て」の実践過程を述べる。

事例A

1）ヴィネット

　ある若い男性が面接に訪れた。職場での対人トラブルを機に頭痛に悩まされ，受診した医師からカウンセリングを勧められたという。彼はどちらかといえば小柄な身体を洒落た服装に包み，挨拶しながら私を査定するかのように一瞥した。そして机を挟んだ向かい側の椅子に，やや股を開き気味にした前のめりの姿勢で座すと，両手を腹の前で組み合わせた。その姿勢は，彼の身体を実際より少し大きく見せた。その瞬間私は，「なんとなく怖いな」と感じたが，それが何に起因しているのかわからなかった。

　彼は職場での態度が横柄だと上司から注意された経緯を，肩を怒らせ，大声

で話し続けた。他罰的に周囲を見下して糾弾し続ける様子に，私は早々にうんざりした。しかし，次第に鈍い頭痛を感じ始め，途中から頭がぼんやりと麻痺したようになり，彼の言葉を聞き取ることが難しくなっていった。常にない体験に戸惑いながら，私は自分の身体状況に意識を向け始めた。彼は時折私の反応を確かめるように，上目づかいでちらりとこちらを見た。私が何か言葉にすることを彼が求めているのはわかったが，私はのどが締め付けられたようで言葉が出にくく，脇の下にはべっとり汗をかいていた。それは不快感とは異なる感覚で，私は仕方なくその感覚にとどまり，それがどのようなものであるかを味わった。それは他罰的に不満を言い募る彼への不快感ではなく，「怖い」という感覚であり，たしかに私はおびえていたのだった。この理解に到達すると，ようやく私は口を開く余裕ができ，彼に上司から注意を受けたときの気持ちを尋ねた。しばらく沈黙した後，「使えない人間だと言われたように感じて…とても，怖かった」と絞り出すように語る彼の目には，涙がにじんでいた。そして以降の面接では，口うるさい母親や高圧的な父親から厳しいしつけを受けた食卓での体験や，両親との長年の確執が語られたのであった。

2）見立て

クライエントは周囲の評価を求め自己愛的な満足を得ることに貪欲な自己愛パーソナリティ傾向を有しており，横柄な振る舞いが原因で社会的な場面でのトラブルが生じていた。見下され叱責されることへの怒りや恐れを，自らが父親と同じような態度を取ることで防衛していたのであろう。そうした彼の横柄さと他罰性に触れた私は不快感を感じ，出会いの瞬間に感じた「怖いな」という印象はそれに隠されてしまった。しかし，その後生じた頭痛と麻痺したような感覚は，常にない感覚であった。そして私は身動きできないままそこにとどまり，その身体感覚を身体的逆転移として探索するうち，それが「怯え」であることを理解した。

こうして感覚次元から情緒に立ち戻り思考する作業を終えたところで，私は改めて彼の情緒に触れようと質問を試みた。こうした介入に対し，すぐさま自身の中の情緒を言語化できたことは，彼の精神分析的な治療への導入可能性を

第2部　見立てにおけるイメージの活用

示すものであった。そして私が体験した身体的逆転移は，その後の治療過程で生じるであろう転移の予測をもたらすものであった。

5. 身体を信じて

　本稿を終えるにあたり，改めてクライエントに注がれるセラピストのまなざしについて触れたい。身体に注がれる他者の視線は，時として劣等感を刺激し，恥意識や屈辱感を与えるものとなる（Steiner, 2011/2013）。しかし身体に注目した「見立て」は，クライエントが語りたくない側面を暴くものではなく，言葉にならない想いをすくい取るための手立てである。信頼できる関係の中で，セラピストのまなざしが鏡となって映し返す機能がうまく発揮されるならば，クライエントは「自分自身として存在する方法を，自分自身として対象と関係する方法を，緊張緩和を得るために逃げ込む場としての自己をもつ方法を，見出すこと」（Winnicott, 1971/1979, p. 166）ができるのではないだろうか。

　たとえば髙橋（2003）による統合失調症クライエントとの長期的な心理療法過程の報告は，クライエントの表情や，醸し出す気配が丁寧に記されており，臨床家としての確かで温かいなまなざしを感じさせるものであった。私自身，この論文に出会い胸の奥が熱くなるような感動を覚えたことが，臨床家／研究者人生において，最も重要な瞬間の１つとなったと感じている。

　自己の基盤は身体に在り（Winnicott, 1970/1998），その身体なくして人は存在しえない。「見立て」に取り組む際，臨床家はクライエントと自身の身体に向けるまなざしの大切さを忘れてはならない。

●文献

Beebe, B., Knoblauch, S., Rustin, J., & Sorter, D. (2005). *Forms of Intersubjectivity in Infant Research and Adult Treatment.* London: Other Press Inc. 丸田俊彦（監訳）（2008）. 乳児研究から大人の精神療法へ──間主観性さまざま. 岩崎学術出版社.

Bion, W. R. (1961). *Experience in Groups and Other Papers.* London: Association

Books Publishers. 池田数好（訳）（1973）．集団精神療法の基礎．岩崎学術出版社.

Bion, W. R.（1979）．Making the Best of a Bad Job. In *Bulletin, British Psychoanalytic Society（February）*, Also In Bion, W. R.（1987）．*Clinical Seminars and Four Papers*. Oxford: Fleetwood Press. and Bion, W. R.（1994）．*Clinical Seminars and Other Works*. London: Karnac Books. 祖父江典人（訳）（2016）．新装版 ビオンとの対話——そして，最後の四つの論文．金剛出版.

Bronstein, C.（2015）．Finding Unconscious Phantasy in the session: Recognizing form. *International Journal of Psychoanalysis*, **96**（4），925-944.

土居健郎（1992）．新訂 方法としての面接——臨床家のために．医学書院.

Freud, S.（1895）．*Studien über Hysterie*. 芝伸太郎（訳）（2008）．ヒステリー研究．フロイト全集 2．岩波書店，pp. 56-57.

Freud, S.（1905）．*Bruchstück einer Hysterie-Analyse*. 渡邊俊之・草野シュワルツ美穂子（訳）（2009）．あるヒステリー分析の断面〔ドーラ〕．フロイト全集 6．岩波書店.

Freud, S.（1913）．*Zur Einleitung der Behandlung*. 道籏泰三（訳）（2010）．治療の開始のために．フロイト全集 13．岩崎学術出版社.

Freud, S.（1914）．*Erinnern, Wiederholen und Durcharbeiten*. 道籏泰三（訳）（2010）．想起，反復，反芻処理．フロイト全集 13．岩崎学術出版社.

Freud, S.（1923）．*Das Ich und das Es*. 道籏泰三（訳）（2007）．自我とエス．フロイト全集 18．岩崎学術出版社.

Gabbard, O. G.（2010）．*Long-Term Psychodynamic Psychotherapy: A Basic Text*, Second Edition. American Psychiatric Publishing Inc. 狩野力八郎（監訳）池田暁史（訳）（2012）．精神力動的精神療法——基礎テキスト．岩崎学術出版社.

Heimann, P.（1950）．On counter-transference. *International Journal of Psycho-analysis*, **31**, 81-84. 転移について．松木邦裕（監訳）（2003）．対象関係論の基礎——クライニアン・クラシックス．新曜社.

Hinshelwood, R. D.（1991）．*A Dictionary of Kleinian Thought*. Free Association Books. 衣笠隆幸（総監訳）（2014）．クライン派用語事典．誠信書房.

鍛冶美幸（2013）．身体的共感と動作を用いた心理療法の試み．心理臨床学研究，**30**（6），888-898.

鍛冶美幸（2018）．心理療法における間身体性をめぐる一考察．心理臨床学研究，**36**（1），4-14.

北山修（1997）．精神分析の見立て．第 35 回日本心身医学会九州地方会演題抄録．心身医学，**37**（8），602-603

Klein, M.（1932）. The Psychoanalysis of Children. *The Writings of Melanie Kline* Vol. 2. 小此木啓吾・岩崎徹也（責任編訳）（1997）. メラニー・クライン著作集 2. 児童の精神分析. 誠信書房.

Lemma, A.（2015）. *Minding the Body: The body in psychoanalysis and beyond.* NY: Routledge.

Lemma, A.（2016）. *Introduction to the practice of psychoanalytic psychotherapy.* UK: John Wiley & Sons Ltd.

松木邦裕（2015）. 耳の傾け方――こころの臨床家を目指す人たちへ. 岩崎学術出版社.

McDougall, J.（1989）. *Theaters of Body: A Psychoanalytic Approach to Psychosomatic Illness.* 氏原寛・李敏子（訳）（1996）. 身体という劇場――心身症への精神分析的アプローチ. 創元社.

Meyer, J.（2011）. The development and organizing function of perversion: The example of transvestism. *International Journal of Psychoanalysis*, **92**（2）, 311-332.

Ogden, T.（1994）. *Subject on Analysis.* Northvale, NJ: Jason Aronson. 和田秀樹（訳）（1996）.「あいだ」の空間――精神分析の第三主体. 岩崎学術出版社.

Ross, M.（2000）. Body talk: Somatic countertransference. *Psychodynamic Counselling*, **6**, 451-467.

Sandler, J., Dare, C., Holder, A., & Dreher, A. U.（Eds.）（1973）. *The Patient and the Analyst.* London: Karnac. 藤山直樹・北山修（監訳）（2008）. 患者と分析者――精神分析の基礎知識 第 2 版. 誠信書房.

Steiner, J.（2011）. *Seeing and Being Seen: Emerging from a Psychic Retreat.* Routledge. 衣笠隆幸（監訳）浅田義孝（訳）（2013）. 見ることと見られること――「こころの退避」から「恥」の精神分析へ. 岩崎学術出版社.

Stern, D. N.（1985）. *The Interpersonal World of the Infant: A View from Psychoanalysis and Developmental Psychology.* New York: Basic Books Inc. 小此木啓吾・丸田俊彦（監訳）神庭靖子・神庭重信（訳）（1989）. 乳児の対人世界（理論編）. 岩崎学術出版社.

髙橋靖恵（2003）. 統合失調症を病む青年との心理療法過程――本人と家族に対する支えの層状モデル. 心理臨床学研究, **21**（4）, 362-373.

髙橋靖恵（2024）. 心理臨床実践において「伝える」こと――セラピストのこころの涵養. 福村出版.

Winnicott, D. W.（1949）. Mind and Its Relation to Psyche-Soma. In *Collected Papers: Through Pediatrics to Psycho-Analysis.* London: Tavistock Publications. 北山修

（監訳）（2005）．心とその精神——身体との関係．小児分析から精神分析へ（ウィニコット臨床論文集）．岩崎学術出版社．

Winnicott, D. W. (1960). The Theory of the Parent-Infant Relationship.In *The Maturational Processes and the Facilitating Environment: Studies in the Theory of Emotional Development*. London: Hogarth Press. 牛島定信（訳）（1977）．親と幼児の関係に関する理論．情緒発達の精神分析理論．岩崎学術出版社．

Winnicott, D. W. (1970). *On the Basis for Self in Body*. 牛島定信（監訳）（1998）．身体における自己の基盤について．精神分析的探究3.　岩崎学術出版社．

Winnicott, D. W. (1971). Mirror-Role of Mother and Family in Child Development. In *Playing and Reality*. 橋本雅雄（監訳）（1979）．遊ぶことと現実．岩崎学術出版社．

第7章

主体のありかたの見立ての試み
「垂直性をめぐる動き」と「水平性をめぐる動き」から

小山 智朗

　本稿では「垂直性をめぐる動き」と「水平性をめぐる動き」という2つの観点から，主体のありかたについて見立てる試みを行う。まず第1節では，心理臨床での見立てをめぐる考えを示し，次に日本文学の見立ての考えを紹介する。続く第2節で「垂直性をめぐる動き」，「水平性をめぐる動き」という観点を提示し，第3節ではこころの問題や反応の背景にある主体のありかたについて検討したい。

1. 見立てとは何か

　心理臨床学の関連において，見立てという用語の使用は，土居（1977）をその嚆矢とする。土居は，見立てを「診断・予後・治療について専門家が述べる意見をひっくるめて呼ぶ日常語」と定義した。見立てについて，馬場（1996）は「見立てがないまま心理療法を始めるのは，羅針盤のない船で航海に出るようなものである」と巧みな比喩を用いつつ，その意味を説いた。また髙橋（2024）も「こころの支援のはじまりにおいて『見立て』の作業が必須です」とその必要性を強調している。

　このように見立ての重要性は先賢によって強調されているが，一方で改めて

第 7 章　主体のありかたの見立ての試み

「見立てとは何か?」と問われると，答えに窮するのは筆者だけではないと思われる。そこで，まず見立てとは何かを検討したい。

(1) 診断との比較から

1)「わかる」ことを目的とする診断とその問題

丸田 (2010) は診断について，「『診断』という大義名分の下に，患者の病理 (ネガティブな部分) を同定し，それに対して対処を施すのが医療」と述べる。診断によって病理を明確に同定することは，いうまでもなく重要である。たとえば，もし足の痛みが腫瘍によるものか，骨折によるものか病理を同定できなければ治療はできない。松井 (2014) は，DSM[1] を用いた診断についても「『わからない』というありかたは想定されていない」としている。

しかし，診断に対して批判的な見解もある。松木 (2000) は，科学的かつ客観的診断という分類によって「事態がクリアになって整頓されたようでいて，実際は曖昧さが表面で粉飾されているに過ぎない」と手厳しい批判を加えた。また，川戸 (2010) も診断という概念化によって「区切り取られた患者からは，その他いろいろのこの人なりのものが切り捨てられることになる」と警鐘を鳴らす。さらに丸田 (2010) は，「病態を同定し，それに目を向けている間に，患者の中に残されていた，ごくわずかでも健全な部分が壊されてしまうことが多々ある」と，時に診断が破壊的な働きに及ぶことを指摘している。

2)「わからない」ことに開かれた見立て

こうした「同定する」診断に対し，中野 (2004) は見立てを「臨床の場において絶えず生成され続ける動的な営み」とし，「心理臨床の場における見立てとは，このような，その場で生起する新しい体験や出会いに開かれた態度において，営まれている」とした。川戸 (2010) も「生きている『見立て』ならば，その時々に応じて変化するのが自然」と述べる。

別の見方をすれば，この「見立ては変化する」という考えにおいては，現時

1　アメリカ精神医学会が刊行している『精神疾患の診断・統計マニュアル』。

第2部　見立てにおけるイメージの活用

点での理解の射程が限定的で，後の「わからない」事態の到来が前提とされているといえる。つまり，診断は病理を同定し「わかる」ことで完了するのに対し，見立ては「わからない」ことに開かれ，「わかる」ことを目指した現在進行形の営みと捉えられるのである。

(2) 日本文学における見立て

　次に，本邦の文学における見立ての考えを取り上げる。和歌や文学での見立ての歴史は心理療法よりもはるかに長く，心理療法の見立てを考えるうえで，豊かな示唆を与えてくれると思われる。

　鈴木（2018）は，和歌における見立てを比喩の一種とし，「視覚的な印象を中心とする知覚上の類似に基づいて，実在する事物Aを非実在の事物Bと見なすレトリックである」と定義し，その機能として「この世界を再構築する」ことを挙げた。また守屋（2013）は見立てについて，対象を他のものに「なぞらえる」ことで具体的に表現することであり，「眼前のモノに別種のイメージを重ね合わせることにより，新たな〈見え〉を生じる手法」とする（傍点はいずれも筆者）。

　ここでの見立ては，客観的な対象に主観的イメージを重ね合わせ，対象の新たな認識を生み出す試みと読み解ける。たとえば，龍安寺の石庭において，石を島に，白砂の模様を波になぞらえることで，石と白砂という客観的な〈見え〉は揺らぎ，新たに波間に浮かぶ島という〈見え〉が立ち上がるように。対象を見たままに捉えるのではなく，対象から触発される主観的イメージを重ね合わせ，複層的な〈見え〉を作り出し，対象をめぐる認識を「再構築」する。それが古からの見立ての本質的働きと考えられる。

　心理臨床学の見地からも，中野（2004）は見立てについて「イメージを通して，心的現実として見ること」とし，それにより「それまで見えなかったものが，まざまざと立ち現われて見えてくる」としており，この古来からの見立ての考えと響き合う。こうした検討を踏まえ，本稿では空間的なイメージを通じて主体について見立てる試みを行う。

2.「垂直性をめぐる動き」,「水平性をめぐる動き」とは何か

　本節では空間的なイメージを立ち上げる準備として,まず主体を取り上げる
意味を述べ,次に「垂直性をめぐる動き」,「水平性をめぐる動き」という視点
を提示する。

(1) 主体とは

　心理臨床学において主体は,河合(2000)が「症状や問題とそれの解決の方
向を統一的に見ることが可能になる」と指摘するように,極めて重要な概念で
ある。広辞苑によれば,主体とは「主観と同意味で,認識し,行為し,評価す
る我をさす」(新村編,2018)とされる。また哲学の領域では,山口(1998)が
端的に「認識や行為の担い手」とする。心理臨床学では,梅村(2011)は主体
によって「世界を意味づけ構築することや,自らの内発的な意志に基づいて行
動・判断することが可能になる」と述べる。

　このように主体は,「認識や行為の中心」という意味の概念と考えられ,本
稿では「内発的な意志をもって世界や他者を認識し,世界や他者に向かって行
為する,自己を表わす概念」と考える。

(2)「垂直性をめぐる動き」,「水平性をめぐる動き」とは

　ただ主体は抽象的な概念で,見ることも触ることもできない。そこで,認識
と行為という主体の本質的側面を捉えるため,「垂直性をめぐる動き」,「水平
性をめぐる動き」(小山,2023)という観点を提示する。

　「垂直性をめぐる動き」は,自分の言動,内面,認識自体について自ら振り
返る動き(自己関係),また自らの置かれた状況について自ら認識する動き,
つまり「自分・他者・世界をめぐる主体的な認識の志向性」である。一方,
「水平性をめぐる動き」は能動的に世界や他者に関わり,また世界や他者から
の影響を感受し受け入れていく動き,つまり「他者や世界への主体的な関わり

第 2 部　見立てにおけるイメージの活用

の志向性」である。ここから，意識の有無や，認識能力・知的能力，行為の内容ではなく，認識や行為の志向性，つまり能動的に認識し行為する「動き」に焦点を当てて検討していく。

3.「垂直性をめぐる動き」,「水平性をめぐる動き」からの見立ての実際

　この「垂直性をめぐる動き」,「水平性をめぐる動き」という観点をもつことで，さながら 3 次元座標系に座標を見るように，空間イメージとして主体のありようを見立てていけると考える。その例示のため，問題別に取り上げていきたい。

（1）神経症的ありかた「主体の成立」

　ここで「神経症」ではなく「神経症的ありかた」としたのは，河合（2010）の「自己関係や，いわゆる自意識のために生じてくる病理」という神経症の定義に則り，個々の症状ではなく，症状を引き起こす主体のありかた自体に着目するためである。

　川嵜（2005）が神経症は近代的主体の成立に伴って誕生したと指摘するように，神経症は近代的主体の構造に由来する。この近代的主体について，大山（2007）は「認識の中心としての主観であり，まず何よりも独立自存の能動性を持ったもの」と説明する。

　ただ，近代主体の成立に伴い，さまざまな問題も生じる。まず世界との関わりが変質してしまう。中沢（1989）は，近代的主体においては「至高の連続性」といった，超越的な存在，共同体といった世界との連続的，共生的なありかたや守りが喪われると述べる。同時に，他者との関わりも変質する。近代的主体における他者は，能動的に操作し，利用する対象となり，生きた他者性がはく奪されてしまう。このように世界や他者との生きた関係性が失われ，さまざまな神経症の種が撒かれることになる。

　これを「垂直性をめぐる動き」から見るなら，世界や他者を俯瞰的に認識す

る動きは立ち上がっており，いわば垂直上方への動きはある。また川嵜（2018）は近代的主体では「メタレベルの私[2]」と「世界の中にいる私」が分裂し，前者が後者を眺め語るという自己関係が成立すると述べる。しかし，この自己関係によって「自分で自分を低く見る劣等感，自分で自分を責める罪悪感，自分が脅かされると感じる不安」（河合，2010）といった苦悩も生まれることになる。むろん，こうした自己関係は，「大人」として自身の言動や認識を反省的に振り返り，態度を改善していくうえで極めて重要である。このように，神経症では垂直上方の動き，すなわち「自分・他者・世界をめぐる主体的な認識の志向性」が備わっているといえよう。

　次に「水平性をめぐる動き」からは，他者や世界を対象として一方向的に働きかける動き，つまり自らの意志により能動的に世界や他者に向かう動きはある。ただそれと引き換えに，体験に没入したり，他者と混淆するような深い相互の関わり合いは減り，世界に包まれ，守られるような感覚も失い，神経症に陥ると考えられる。

（2）自閉症と統合失調症の比較「主体の未成立」と「主体の挫折」

　自閉症と統合失調症は，いずれも他者や世界との関わりが乏しく，自閉症でも時に妄想や幻覚に類似した症状が生じるなど，その類似性が指摘されることが多い。ここで，両者の違いを整理しておく。

　河合（2010）は，自閉症を含む発達障害は「そもそも主体が存在していない」とし，統合失調症は「主体は危ういけれども，脅かされる主体が存在したり，存在していたことがあった」，「たとえ相対的に脆弱であるとはいえ，主体が存在している」とした。また田中（2010）も，自閉症の「自分のなさ」について「『自分』が成立する以前」にいるとし，統合失調症は「発達のある時期になって，いったん出来上がった，あるいは出来上がりつつあった『自分』が何らかのきっかけで崩れてしまったことに由来している」とした。

2　川嵜の「メタレベルの私」は，自己関係の枠組み内の概念であるが，本稿での「垂直性をめぐる動き」は，自己関係だけではなく，世界（周囲の状況）や他者をも認識する動きを含めて考えている。

第2部　見立てにおけるイメージの活用

　このように，自閉症はそもそも主体がなく，統合失調症は途中までは主体があったものの，病により崩れたとする見解が多い。

（3）自閉症

　それでは，自閉症の「主体のなさ」について考えていく。なお本稿での自閉症は，自閉スペクトラム症全般ではなく，カナー型の自閉症を指す。

　まず，自閉症の体験世界を透徹した視線で描いた内海（2015）を取り上げてみよう。内海は，彼らの世界認識について「ASD の世界は現前にはりついている。いま目の前にあることだけで，経験が飽和してしまう。鳥瞰図ならぬ『虫瞰図』の世界として，『高所からみる視点』を持たず，分離されていない」とする。また他者認識についても「ASD では『私』と『対象』が連続している。『私』と『対象』という区分が未分化であり，言い換えるなら『地続き』なのである」との慧眼を示した。このように，自閉症者の自他は未分で，別人格の「他者」として関わる以前の段階にあると考えられる。

　これを，「垂直性をめぐる動き」から読み解けば，垂直上方の動きはほとんど見られない。具体的には，自分（世界の中にいる私）を見つめる「メタレベルの私」（内海の「高所からみる視点」）の動き，つまり自己関係の動きがない。また，他者や世界とは未分化で，距離を置いて客観的に認識する動きは過少に留まる。

　「水平性をめぐる動き」としても，他者や世界へと向かう動きはほとんど見られない。Asperger（1944/1993）は，統合失調症では外界との接触が後からで失われるのに対し，自閉的な子どもは「はじめから欠如」すると述べる。十一（2004）も，発達障害は人への「本能的相互反応性」が生得的に低下していると指摘した。また，そもそも別人格を有する「他者」と個と個の関わりの次元にはない。また興味や関心の幅が狭く，世界との関わりも限局された範囲に留まる。このように，他者への志向性自体が生来的に欠け，世界と広く深く関わる動きも乏しいと読み解ける。

（4）統合失調症

　次に，統合失調症の主体について取り上げよう。主体という視点で見れば，彼らを特徴づけるのは「実体意識性」と呼ばれる現象だと思われる。内海（2015）は，統合失調症者は青年期に入ると「不気味な他者」に遭遇するとし，「その他者は，正体を現わさないが，私にまとわりつき，立ち去らない。そして私の秘密を知っている。それはまどろむことを許さない」，「他者からのまなざしによっておびやかされ，まどろめない」と述べる。また河合（2000）も，統合失調症は「『見られている』という体験や，『語りかけられる』幻聴体験のように，圧倒的な他者が迫ってくるところが印象的」とする。こうした「圧倒的他者に見られる」，「おびやかされる」という体験にあるように，主体はいわば「不気味な他者」の側にあり，患者は認識や行為の能動性が奪われた状態にあるといえる。

　こうした様態を，「垂直性をめぐる動き」から検討してみよう。河合（2000）が述べるように，近代的主体は「自らが抽象的な中心で，そこから全体を眺めている」構造を備える。こうした主体が成立している神経症と異なり，統合失調症では「自分が見るという主体が成立していない」（河合，2000）。彼らは，他者や状況を認識する動きはあるものの，病ゆえの特異な歪みがあり，時にそれは迫害的な色彩を帯びる。加えて，自らの認識自体を認識するメタ認識の動きは乏しく，認識内容を省みることがない。彼らの病識の持ちづらさも，同じ文脈で説明でき，「自らの認識が一般から逸脱していることの認識」の持てなさ，すなわちメタ認識の動きが乏しいためと考えられる。

　このように，統合失調症者は病の影響で語りの内容は著しく客観性を欠く場合が多いが，世界や他者を認識する動きは一定程度ある。ただ，自分の言動や認識自体を俯瞰的に見る自己関係の動きは欠けていると考えられる。

　次に「水平性をめぐる動き」であるが，彼らは一見他者への関心自体が乏しいようにも思える。しかし，中井（2004）が慢性期にある統合失調症者は「人間への好奇心が旺盛で，人間観察をして飽きない」と述べるように，実は他者への関心や志向性自体は失われていないと思われる。

第2部　見立てにおけるイメージの活用

　ただ，統合失調症者は「外界や他者が侵襲してくることに対して過度に敏感である」（内海，2015）。それゆえ実際に他者と関わる動きは少なく，また安心して他者に身を預けられない。内海（2015）は，自閉症はそもそも「自他未分」で「いまだ退却すべき現実が構成されていない」のに対し，統合失調症は「現実からの『退却（withdrawal）』状態にある」とした。つまり，彼らは他者への関心はあるものの，過敏さや怯えのために「水平性をめぐる動き」としては「退却」というマイナス方向に向かっているといえる。

(5) うつ「主体の停滞」

　ここでは，日本的な抑うつ反応（かつてメランコリー親和型[3]といわれていたものを含む）について取り上げる。河合（2000）はうつ病の特徴を自責，罪悪感の強い自己否定感とし，「その否定の力はあまりに強い」と述べる。中井（2004）も「自分は何もできない，ダメな人間だと思いこむ」といった「微小妄想」をもつことも多いとした。

　また中井（2004）は，うつについて「抑制」というキーワードで説明し「行動はのろくなり，口数も少なくなる」といった特徴を挙げた。上田（2018）は，こうしたうつ病患者の「抑制」状態，たとえば「身体的不調や無力感，睡眠障害，生活や人生の全般的な停滞感」といった訴えの基底にあるものを「主体性の疎隔」という視座から明らかにした。そこでは「身体も，睡眠も，こころも，人生も，自分にはどうすることもできない，自らのコントロールを完全に超えてしまった事象として体験される」とし，そこに「自身の生を主体的に営む感覚の決定的な喪失」を見て取った。つまり，彼らは「うつ」という病によって，主体を半ば喪った状態にあると言えよう。

　こうしたありかたを「垂直性をめぐる動き」から見れば，彼らの他者や世界を俯瞰的に認識する動きは，概ね歪みなく保たれている。一方で，自己関係はどうだろうか。中井（2004）は，「人が自分をどう見ているか」を絶えず気にしていることを，うつ病の特徴として挙げる。これを「垂直性をめぐる動き」

3　Tellenbach, H. により提唱された律儀，几帳面，責任感，他者配慮を特徴とする性格に由来するうつ。

からいえば，自分の言動を見て，意味づけをする「メタレベルの私」の働きを他者に一部預けてしまう傾向があるといえる。何より最も大きな問題は，病によって認識する動き自体が半ば停止していることであろう。また，自己認識の内容としても，過剰に否定的な色付けがなされ客観的とは言い難い。さらに，その歪んだ認識を修正するメタ認識もやはり半ば動きを止めている。

　ただ，河合（2010）が「罪悪感は自分が自分を責めるという典型的な自己関係的感情」と述べるように，自己関係自体は機能している。彼らの認識の内容は客観性を欠く面がある一方で，他者や世界を認識する機能自体には大きな問題がないと考えられる。

　続いて，「水平性をめぐる動き」であるが，中井（2004）が「抑制」をうつ病の特徴とするように，その動きは過少となる。病前にできていた活動が難しくなり，何事にも億劫になり，世界へ向かう動きは減る。事態に能動的に働きかけたり，対処することもできず，彼らは「自身の生を主体的に営む」（上田，2018）動きを喪失している。また対人関係の志向性も弱まり，他者との交流も少なくなる。病前のうつの患者が仕事を背負いこむのは「人を信用して仕事を任せられない」（中井，2004）ためとされるように，他者を信頼して身を預けるような関係も見られない。

　このように，彼らの「水平性をめぐる動き」も全般的に停止したような状態にある。ただ，それは統合失調症者のように怯えや不安からでも，自閉症のようにそもそも他者に関心がないからでもなく，病による意欲自体の低下のためと考えられる。

（6）境界例「主体の揺らぎ」

　続いて，神経症と統合失調の「境界」の主体のありかたを検討するため，境界例を取り上げる。Kernberg（1981）は，境界例について包括的な人格理論と治療論を提示し，神経症のような抑圧ではなく分裂（splitting）という防衛機制からその人格を捉えた。彼らは，あるときセラピストを絶賛したかと思えば，些細なきっかけで罵詈雑言を浴びせるなど，理想化と脱価値化の両極的な反応を示す。また河合（2010）は境界例の特徴として「関係性へのこだわり，徹底

した他者への責任転嫁，要求の際限のなさ」を挙げる。

こうしたありかたを「垂直性をめぐる動き」から検討する。彼らの他者認識は「投影性同一視[4]」に特徴的に表れているように，他者と未分化で，距離を置いて客観的に認識することが難しい。とりわけ重要な他者に対しては，理想化と脱価値化の両極を揺れ，その間の，たとえば「かなり良い」，「ほどほど良い」「やや良い」…といったありかたや，良いも悪いもあるといった両価的なありかたの認識は困難である。また内海（2015）は「俯瞰機能は，現在の状況を見渡すだけではなく，時間軸にそった形でも適用される」とするが，境界例では「これまでの関係性（歴史性）」も視野から消え，他者認識はその時々の一貫性を欠いたものになる。また，彼らは自己関係の乏しさも顕著である。問題を起こしても自らを振り返らず，徹底して責任転嫁し，謝罪はおろか罪悪感すらもた（て）ない。

ただ，河合（1998）は「良い，悪いに分け，分裂できることで混沌とした状態が分化してきているし，また二つに分裂することで，全てがバラバラに断片化した状態に陥らずに済む」と述べる。自閉症のように対象と未分化なわけでも，統合失調症のように混沌とした迫害的対象でもなく，混沌を二分して認識する動きの兆しはあるといえよう。

「水平性をめぐる動き」から見るなら，彼らは，一方向的に要求するばかりで，他者と配慮し合うといった双方向的な人間関係を結ぶ動きは乏しい。また持続的で安定的な関わりの維持も難しい。

彼らは，他者排除的に二者関係を志向する動きが極めて強く，それは甚だしく能動的にも映る。ただ，中井（2004）は彼らについて「1人でいることを必死で避けて，まるで"人間中毒"のように相手を求めてさまよう」と描写する。この「中毒」，「さまよう」という言葉に示されるように，実は彼らの言動は一見能動的に映るが，実際は衝動や不安に衝き動かされるだけの極めて受動的な

4　自分自身が受け入れがたい感情や性格などを，相手がもっていると思いこみ，さらに相手に投影したものに同一化すること。たとえば，相手に怒りを感じたとき，「相手が怒りを感じている」と投影する。さらに，その怒りに同一化し「相手が怒っているなら，私も怒る」と怒りを態度で示し，実際に相手が怒りを向けるよう仕向けるといった現象がある。

ものと言えるのではないか。

むすび

　ここまで，「垂直性をめぐる動き」，「水平性をめぐる動き」からこころの問題や反応について取り上げながら，その主体の見立てを素描してきた。川戸（2010）は「生きいきした『見立て』を行うには，想像力，豊かな象徴の理解力が必要となる」と述べるように，見立てには，言わば名人芸的な能力が必要である。

　しかし，この2つの観点があることで，主体を空間イメージとして，しかも動きを伴ったベクトル的なイメージとして直観的に見立てられ，治療的な方向性も見えてくるのではないか。一例を挙げれば，自閉症児が初期の一人遊びの状態から，セラピストと視線が合い，玩具の名前を尋ねたとしよう。その場合，「セラピストと関わる動き，また玩具を認識する動きも生じており，水平性をめぐる動きと垂直性をめぐる動きが同時に兆した」という具合にベクトル的に捉えられるだろう。セラピストの関わりを考えるにあたっても，「水平性をめぐる動きとしては彼らを脅かさないよう丁寧に寄り添い，『本能的相互反応性』の次元の動きを大切に育むことが必要だ」といった理解につながるだろう。

　ただ，実際の心の問題は本稿で示したように明確に分類されるわけではない。また紙幅の関係で，扱った問題は限定的で，また簡略な素描に留まった。今後の課題としたい。

●文献

Asperger, H. (1944). Die "Autistischen Psychopathen" im Kindesalter. *Archiv für Psychiatrie und Nervenkrankheiten*, **117**, 76-136. 詫摩武元（訳）（1993）小児期の自閉的精神病質. 児童青年精神医学とその近接領域, **34** (2), 180-197.

馬場禮子（1996）. 見立ての訓練——臨床心理士の場合. 精神療法, **22** (2), 133-136.

土居建郎（1977）. 方法としての面接——臨床家のために. 医学書院.

第 2 部　見立てにおけるイメージの活用

河合隼雄（1992）．心理療法序説．岩波書店．

河合俊雄（1998）．概念の心理療法――物語から弁証法へ．日本評論社．

河合俊雄（2000）．心理臨床の理論．岩波書店．

河合俊雄（2010）．対人恐怖から発達障害まで――主体確立をめぐって．河合俊雄（編）．発達障害への心理的アプローチ．創元社．

川嵜克哲（2005）．夢の分析――生成する〈私〉の根源．講談社選書メチエ．

川嵜克哲（2018）．風景構成法の文法と解釈――描画の読み方を学ぶ．福村出版．

川戸圓（2010）．心理療法における「見立て」について再考する．京都大学臨床心理事例研究，**37**，15-17．

Kernberg, O. F.（1981）．Structural Interviewing. *Psychiatric Clinics of North America*, **4**（1），169-95．

小山智朗（2023）．〈私〉を生きる心理臨床――「水平性をめぐる動き」と「垂直性をめぐる動き」から．創元社．

丸田俊彦（2010）．見立ての「見立て」．京都大学臨床心理事例研究，**37**，8-11．

松井華子（2014）．心理臨床における見立て――出会いと主体の生成をめぐって．皆藤章・松下姫歌（編）．心理療法における「私」との出会い――心理療法・表現療法の本質を問い直す．京大心理臨床シリーズ第 10 巻．創元社．

松木邦裕（2000）．精神病というこころ――どのようにして起こりいかに対応するか．新曜社．

守屋三千代（2013）．日本語と日本文化における〈見立て〉――〈相同性〉を視野に入れて．日本語日本文学，**23**，1-14．

中井久夫・山口直彦（2004）．看護のための精神医学 第 2 版．医学書院．

中野祐子（2004）．心理臨床の場における「見立て」について――初回面接の「見立て」生成プロセスの検討を通して．心理臨床学研究，**22**（1），59-70．

中沢新一（1989）．野ウサギの走り．中公文庫．

大山泰宏（2007）．心理臨床における表象不可能性と主体をめぐる考察――イメージと語りの否定から．京都大学博士（教育学）学位論文．

新村出（編）（2018）．広辞苑 第七版．岩波書店．

鈴木宏子（2018）．「古今和歌集」の創造力．NHK 出版．

髙橋靖恵（2024）．心理臨床実践において「伝える」こと――セラピストのこころの涵養．福村出版．

田中康裕（2010）．大人の発達障害への心理療法的アプローチ――発達障害は張り子の羊の夢を見るか？ 河合俊雄（編）．発達障害への心理療法的アプローチ．創元社．

十一元三（2004）．広汎性発達障害を持つ少年の鑑別・鑑定と司法処遇——精神科疾病概念の歴史的概観と現状の問題点を踏まえ．児童青年精神医学とその近接領域，**45**（3），236-245.

上田勝久（2018）．心的交流の起こる場所．金剛出版.

梅村高太郎（2011）．心理療法過程における身体の否定——喘息・音声チックなどのさまざまな身体症状を呈した低身長男児とのプレイセラピー．心理臨床学研究，**28**（6），787-798.

内海健（2015）．自閉症スペクトラムの精神病理——星をつぐ人たちのために．医学書院.

山口祐弘（1998）．主体性．廣松渉・子安宣邦・三島憲一・宮本久雄・佐々木力・野家啓一・末木文美士（編）．岩波 哲学・思想事典．岩波書店.

第8章 臨床実践指導における見立てのアクチュアリティ

浅田 剛正

1.「見立て」のアクチュアリティ

　本稿では，木村（1994, 1997）によって提起された「アクチュアリティ（actuality）」の概念を手がかりに，心理臨床における「見立て」の技能に心理臨床家自身の主体性が反映されていることの実践的意義を検討する。そのうえで，個々の心理臨床家（トレイニー）がアクチュアルな見立てを自らの個性に応じて培っていくために，スーパーヴィジョンを軸とした臨床実践指導においてスーパーヴァイザーに求められる視座について，現代的課題に照らしながら論じることを試みる。

　心理臨床実践において，「見立て」は専門家が評論的にクライエントのことを単なる報告として「言い表す」ためになされるものではない。このことは，筆者がスーパーヴィジョンを含む心理臨床家の養成に携わる中で，また筆者自身の臨床実践においても，常々自戒として心掛けている点である。

　心理臨床の実践とは，セラピストが一人ひとりのクライエントとの出会いにおいて，その人が背負う個性的な生き方を尊重し，それゆえにケースそれぞれの個別性に応じたセラピスト自身のあり様とその場で創出するパフォーマンス

の質が問われる営みとなる。そのため，セラピストは社会的・日常的文脈から一旦切り離された面接の場でのクライエントとの固有の関係性に基づき，今ここに立ち上がる「見立て」に基づいてオンタイムの判断や言動を創造していかなければならない。つまり，他ならぬ私が一人の心理臨床家としての責任において，目の前のクライエントの生き様を今ここで「見立てる」ことそのものが，専門家としての「業」の本質であると言っても過言ではない。

　この業を一人の人間が行うことがけっして容易なことではないことは，想像に難くなかろう。もちろん，ここで述べようとする意味での「見立て」がインテーク面接や初回面接で創出されることは，経験豊富な心理臨床家であってもほぼあり得ない。なぜなら，ここでの「見立て」は，心理臨床家の個とクライエントの個との直接生身での関与が一定の深まりに達することによってはじめて現出するものであるためである。

　直接生身での関与の深まりが，現代を生きる私たち心理臨床家の日々の研鑽によってどのように成立するのか。この点が，見立てにおいて重視されるべき「アクチュアリティ（actuality）」について本稿で述べようとする要点となる。actuality はその語源に act/action（活動・行為・行動）の元となるラテン語の actio を含む通り，ただ受動的に覚知されるものでなければ，対象についての情報から論理的に出力されるものでもない。心理臨床家の主体的な「活動」を前提とし，時に局面ごとの能動的行為を伴って，その関わりの内に立ち現れるのが，アクチュアルな「見立て」なのである。ただし，この「主体的な活動」と「能動的行為」は，必ずしも面接場面での介入的な関わりのことを指すのではなく，心理臨床家が自ら求めてその身を労し，時間をかけて行う専門的な訓練や研鑽までを含めて考えなければならないだろう。

　「見立て」という言葉は，しばしば実践の場で「診断」や広義の「アセスメント」といった用語と同列に，その意味の異同や実践的な語用を曖昧にしたまま用いられてしまうことがある。その曖昧な理解ゆえか，心理臨床における実践やクライエントとの関わりは，しばしばそのプロセスが「入力のフェーズ」と「出力のフェーズ」が概念的に分けて考えられ，「見立て」はその「入力のフェーズ」の内に位置付けられてしまいがちである。筆者はとくに近年，こう

第2部　見立てにおけるイメージの活用

した概念的理解が「見立て」の実践に適用されることに危惧を感じている。

　前者の「入力のフェーズ」とは，情報収集・分析・クライエント理解といった医療でいうところの検査から診断に至る段階である。後者の「出力のフェーズ」とは，入力フェーズの結果に基づいた応答・指導・介入といった処置と治療の段階である。通常，医療も含めた実際の臨床場面においてはこの入力と出力は同時に進行しており，当然，入力があって，然るのちに出力が行われるという時系列的もしくは因果的な連関はあくまで概念的理解の中でしか成り立たないはずである。

　本書の監修者である髙橋（2024）が，心理療法と心理アセスメント，いずれにおいても，またその学びの過程においても，そこに通底する「伝える」ことの意義とその難しさを論じているように，多くの教科書で強調される「受容」や「聴く」ことは，それ自体の重要性は否定されるものではないものの，現場の実践においては常に「介入」と「伝える」が同時に起こっていることを無視するわけにはいかないだろう。そして，セラピストからの「出力」とは，一定の「入力」が成されることによって既定のアルゴリズムが自動的に算出して導き出してくれるようなものではない。そこには常に媒介変数として，関与するセラピストがそれまでに培ってきた体験と経験を活かすための「業_{わざ}」が大きく作用するのである。したがって，心理臨床における「見立て」は，目の前のクライエントその人から受け取る語りや表現を基盤にしながらも，その場に臨むセラピストが心理臨床家としてそれまでどのような個人的経験と専門的訓練を経てここに在るのか，そういった一人の人間としての主体的な在り方がクライエントのそれと交わるところに見出されるものなのである。

　特に，自身の中に十分に練磨された「見立て」のメソッドやストラテジーを見出せていない初任の心理臨床家の場合，本来なら目の前のクライエントとの協働によってその都度の「見立て」を構築していくべきところが，自らの内に生じる不安や，場合によっては自らの専門家としての保身のために，その場しのぎでの対応で乗り切らざるを得ないといったことも少なくないだろう。あるいは，クライエントの申し述べることをすべて肯定し，面接の枠外のことであっても相手の要求や要望に黙って従うことこそが目指すべき「専門的支援」

第8章　臨床実践指導における見立てのアクチュアリティ

であると自らに言い聞かせてしまっていることもある。クライエントの主体性を大切にするということは，そこに関与するセラピストの主体性を消し去ることではけっしてない。能動的に介入するかどうか，口をついて出てきそうな言葉をあえて飲み込むかどうか等，その時々の判断を責任をもって下すために活きるのが，そのセラピストが鍛錬してきた「見立て」の技能なのである。

　臨床現場の根本的な難しさを考慮するならば，先に示したような「その場しのぎ」の対応は必ずしも非難されることばかりではないにせよ，肝心な勝負どころに直面したときに，それではとても「しのぎきれない」ことが起こるのは自明である。だからこそ，心理臨床家が単身でこうした局面に身を置くことになったときに，それまでに培ってきた個々人の「見立て」の技能が生きることになる。「臨床」の場はセラピストもまた事例の当事者として身を置いているのであって，他人事として評論することではしのぎきれない課題が常に突きつけられている。そこに専門家として踏みとどまる責任を担えるかどうか。その点において心理臨床家自身の在り方が問われるのであり，私たちはそのときに備えて日々「見立て」の研鑽を続けているのだ。

2. アクチュアルな関与を妨げるモノとは

　木村（1994）は，「リアリティは私たちが個別感覚によって認知し，主としてクリティカによって判断しているような現実であり，アクチュアリティのほうは共通感覚によって『身をもって』経験し，トピカをはたらかせてその生命的・実践的な意味をキャッチしているような現実である。」と述べた。木村によると「クリティカとは所与の個別的対象に対して分別理性をはたらかせ，その真理性について判断を下す技術である。これに対してトピカは，多くの所与を綜合的に概観してそれらのあいだにはたらいている意味関連を発見し，問題の所在＝トポスがどこにあるかを見抜く技術である。」とされる。

　私たち心理臨床家がクライエントの「現実」に関わるうえでの基本姿勢は，木村が示したこの「アクチュアリティ」によってすでに言い尽くされているよ

うにも思える。当然，それは「見立て」においても同様のことがいえるだろう。中野（2004）はプレイセラピー場面の一瞬間において生じるセラピストの内的な営みの詳細な検討から，そこでの「見立て」が瞬間的に立ち現れてくるものでありながらも，そこに重層性，全体性が潜在し，かつそれが「視野に入ってはいるが明確には見えてこない体験」に開かれる契機として面接の関係性とプロセスの中で活かされるものであることを論じた。このような体験的な関与のプロセスに活かされる「見立て」とは，木村の言う「トピカ」のはたらきにより「生命的・実践的な意味」に触れるための視座が求められることになろう。本稿でも同様に，「見立て」はセラピストの「体験」の内に生起し，常に動的なものであるがゆえに，心理臨床の関係性とプロセスに活かされるものと考えていく。

　ただ，ここで考えておかねばならないのは，見立てにおいて木村のアクチュアリティ論を追認することばかりではなく，むしろ私たちはなぜ実践場面においてアクチュアルにクライエントと関われないのか，という点であるように思う。つまり，「見立て」がアクチュアルにならないのはなぜなのか？　何が私たちの「身をもって」の経験，そして「トピカをはたらかせてその生命的・実践的な意味をキャッチ」することを妨げるのか？　という問いである。

　ここで，筆者のこれまでの経験から1つの典型的な事例としてまとめたものを示してみよう。以下のインテーク面接についての記述を，30代中堅セラピスト（女性）が，医療機関で担当した事例としてスーパーヴィジョンで報告したものと想定してみてほしい。

　クライエントは25歳男性A氏。IT系の専門学校を卒業後，情報系一般職の仕事に就くも，上司からの厳しい指導と職場の人間関係に嫌気がさして半年で退職し，その後アルバイトをいくつかしても続かず，親に言われて相談室に来談した。生育歴の聴取からは，A氏は小学校の高学年頃から友だち関係にも回避的で，また中学では不登校歴があり，スクールカウンセラーのサポートも受けていたという。時期は定かではないが，その小中学生の頃に発達障害の診断を受け，医療機関と支援施設に通うように言われたがそれも長続きはしなかった。中学3年生からは休まず登校できるようになり，高校は「それなりに頑

張って」通っていた。学業成績は概ね中の下くらいで，本人の趣味でもあった
パソコン関連のスキルはそれなりにあったため，専門学校以降は大きな問題を
起こすことなくここまできた。かつての上司や同僚からの自分（A氏）への扱
いは，今思えば「完全なパワハラ」であり，そのトラウマを克服しなくては再
就職は難しいのではないか，との母親の見解をA氏本人も同意しているのだ
と述べ，相談室でのトラウマ治療を希望された。

　上記はA氏本人とのインテーク面接から得られた情報に基づく記述である。
さて，たとえば，ここからどのように「見立て」が立てられるだろうか。「発
達障害」，「パワハラ」，「トラウマ」といったキーワードやその背景についての
情報は，十分とはいえないまでも記載されている。しかし，重要なのは，ここ
で記述された事例情報には，アクチュアルに見立てるための要素がほぼないと
いうことである。

　これらの情報に意味がないということを言わんとしているのではない。また，
この時点では，たとえばカンファレンスなどでフロアから「A氏の家族につい
ての情報が不足している」，「診断を受けた時期をまずは特定すべき」，「知能の
レベルや発達障害的特性の確認が必要」といったコメントがなされることも想
像される。もちろんこれらの情報が得られるならそれもまた支援のための貴重
な手がかりになることは言うまでもない。しかし，これらの情報は，木村の言
うところのクリティカの技術に資するものであっても，トピカをもたらすもの
ではないのである。では，ここに欠けている要素は何か。それこそが，A氏の
来談に応じるセラピストの関与により生じた「アクチュアリティ」である。

　他ならぬセラピストのこころ（木村の言うところの「共通感覚」）には，A氏
はどのように映ったのだろうか。上記の内容は，初回面接の場で，年上の女性
セラピストの前で，オドオドと語られたのか，訥々と語られたのか，はたまた
怒りを込めて語られたのか。そして，それを聴いたセラピストは，無意識に彼
を発達障害を抱えた被援助者として自分を優位に置いてしまっていなかったか，
あるいは一方的な主張にとりつく島もないような疎外感を感じなかったか。初
めて姿を見たとき，面接室で向き合ったとき，彼が声を発したとき，意外な感
じや逆に安心感や親しみの情を覚えなかったか。初回面接の別れ際を，どのよ

第2部　見立てにおけるイメージの活用

うな思いで見送ったか。セラピストは，またこの男性に会いたいと感じたか。

　セラピストがクライエントとの関与をもった際に生じるこうした感覚的・直感的な要素こそが，先の記述には伏せられたアクチュアリティである。これを表記上のテクニカルな問題として，本来なら何を書くべきかといった論に結びつけるつもりはない。ただ，実際の心理臨床実践の中で，もしくは広く心理支援の場において，上記のような客観的情報が集約された事例の記述が，「リアリティ」のある「見立て」につながる適切な記述だと評価される場合が少なくないのではないだろうか。木村（1997）は，「知覚によって捉えられた『実在性』に，記憶とともに賦活された『現実性』が重ね合わされる。われわれが普段『現実』として経験している対象界は，このようにして公共的な実在に私的な現実が重ね合わされた合成物に他ならない。」と述べている。つまり，しばしば目にするこの事例に示されたような記述は，対象界－私たちが見立てようとするクライエントの生きる世界－のうち公共的な「実在性」をレントゲンによって投映したようなものに過ぎないともいえるのではないだろうか。

　対して，「アクチュアル」な見立てとは，Ａ氏がセラピストの目の前で，その「いま」に至るまでの道程を語るその内容だけでなく，その語り口，仕草，表情を含めたあらゆる現象がその関係性の中でどのように表れたのかまでを加味していなければならない。クライエントと出会う1時間ほどの間に生じる語らいとその印象のわずかな変化をセラピストが逐次キャッチし，さらにその間のセラピストの相槌や表情，確認，質問がそれらにどのように影響を及ぼしていたのか，その関わりの結果，Ａ氏とセラピストとの間で何が合意され，何が今後の当面の課題として確かめられたのか。個々のケースをこれらの関与の総体として「見立てる」作業は，客観的言語によって書き表すことが極めて困難なものとなり，まさに今ここの現象を「身をもって」経験するトピカのはたらきを必要とする。

　このトピカのはたらきは，セラピストが「身をもって」経験することによって機能する。つまり，セラピストの身体感覚への感性が特に重要となると考えられる。人間にとって自らの身体は，他ならぬ私に属するものでありながら，常にままならぬ対象でもある。また，自我が言語やロジックによりある程度操

第 8 章　臨床実践指導における見立てのアクチュアリティ

作することができる「実在性（リアリティ）」に対して，対象との関係の内に自律的に生起する「現実性（アクチュアリティ）」は「一瞬の静止もなくつねに生成途上にある『進行形』的な動き」（木村，1997）である。先に木村が述べたように，リアリティが「公共的な」もの，アクチュアリティは「私的な」ものとするならば，「私的な」アクチュアリティを感知するためには，「公共的な」言語やロジックではなく，〈私〉自身の身体へのセンシティヴィティ（sensitivity）を機能させなければならないといえるのではないだろうか。その意味で，先の事例の記述には，セラピスト自身のセンシティヴィティが活かされていないとも言える。

3. 個の感性に基づくクリニカル・ヴィジョンを培う

さて，ここで，これまで述べてきた「アクチュアルな見立て」の生起について，臨床実践指導の観点からさらに考察していこう。心理臨床家の養成において，指導者あるいはスーパーヴァイザーの立場から，セラピストの見立てにアクチュアリティを機能させるために求められることとは何だろうか。先に示した事例の記述資料がスーパーヴィジョンの場や，事例検討の場に持ち込まれた場合，そこで指導的な立場にある者（ここでは，SVor と表記する）は，この事例にどのように関与するだろうか。

「見立て」に限らず，心理臨床の専門性とは，心理臨床家の主体的関与に基づくアクチュアルな技能の汎用性に支えられていなくてはならないと考える。したがって，その養成の場や過程においても，セラピストとしてのアクチュアルな見立ての力や，個々のトレイニーの個性的で主体的な臨床技能が如何にして培われていくのかを最も重視するべき，というのが筆者の基本的な考え方である。そして，それは SVor や指導者においても同様に，もしくはそれ以上に求められるものである。

この点に関して，以前，筆者は図 8-1 に示すような「臨床性」に関する四層構造を仮定し，心理臨床家の臨床的想像力（Clinical imagination）が見立て（Clinical vision）に超越（transcend）することがスーパーヴィジョン機能であると

第2部 見立てにおけるイメージの活用

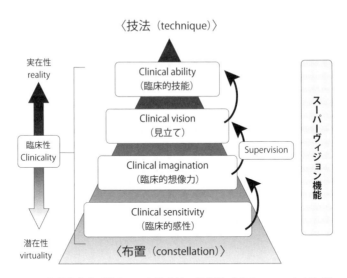

図 8-1　心理臨床家が備えるべき臨床性の四段階（浅田，2014 より作成）

する考えを提起した（浅田，2014）。そこでは，臨床実践で用いられる〈技法（technique）〉がそれ自体では臨床性を備えたものとして機能せず，個別のケースに応じてセラピスト自身がそれまでに培った臨床的技能（Clinical ability），そしてそのさらに下層に潜在する臨床的感性（Clinical sensitivity），臨床的想像力（Clinical imagination），見立て（Clinical vision）がつながりをもって機能することが要件となることを論じている。こうした構造に基づくなら，心理臨床家の養成と研鑽とは，それぞれの心理臨床家が，自らの体験的関与の具体化を，「臨床的感性」から自らの内に有機的に連なる固有のメソッド（method）として身に付けることであるといえるであろう。

　もし筆者が先の事例に SVor として関与するならば，まず何より A 氏に直接関与したセラピスト自身の内的な感覚（身体的なものを含む）がいかに動いたのかについて着目し，その動きが同じく当該セラピストによって固有のイメージとして形作られるのをサポートするだろう。内的感覚の動きは，当然当人は意識できない領野にあることだが，概してそれは身体的な反応（表情や姿勢，時に落涙など）として他者である SVor の方が認識しやすいこともある。もちろ

んこうした「感性」に関わる動きは，まさに当のセラピストにとって極めてセンシティブなものであるため，その場で直接触れるかどうかの判断には慎重を期さなくてはならない。

しかし，こうした感覚的にセラピストに受け取られたものは，そのセラピスト自身の個人的な体験や経験に基づき，固有のイメージを形作って感知されており，そこからケース理解へのアクチュアルな道筋が見出されることも多い。たとえば，SVor から「A 氏に最初に会ったとき，あなたは A 氏をどんな人だと感じましたか?」と問うことで，「私には弟がいて，A 氏のオドオドとしながら虚勢を張っているような話し方が少し似ているなと感じました」といった風に，そのセラピストだからこそ感じ取られるクライエント像が浮かび上がってくるのである。

さらにこの文脈を進めていくならば，セラピスト自身が見出したイメージ（弟のような在り方を想起させる人物像）を事例の固有性に沿って検討していくことで，その後の関与の見通しや方針に活きるヴィジョンが見立てられていくだろう。セラピストの弟かのように感じられ，仮に姉のような心持ちで最初の出会いが起こったならば，そのケースの展開は，逆転移的な関係性を潜在させながら，その場その場でのセラピスト固有の無意識的応答に影響されて具体化してくることが予見される。そこにはクライエント – セラピスト双方に起こりうる行動化に巻き込まれるリスクも当然含まれる。小学生の頃から人間関係に不器用で，発達障害を抱えた年下の男性。そしてすでに成人年齢に達した彼の社会的自立を果たすには，「パワハラ上司」から受けた「トラウマ」の克服にセラピストも役に立たねばならない。そのようなストーリーがすでにセラピスト自身の関与の下で始まっているかもしれないのである。

先に示したような事例の記述がセラピストによって準備され，SVor に提示されたこと自体も，セラピストが A 氏との関与で生じた生身の感覚（たとえば，"身内の恥"と感じるなど）を部外者に露わにしないようとする防衛であるという理解もできるだろう。その場合，このケースが今後より一層クリティカな方向へ，つまり，「発達障害」の診断や「トラウマ」などの概念的自己規定を際限なく繰り返し，セラピストがそのような未熟さに辟易しながら，適切な助言

第 2 部　見立てにおけるイメージの活用

指導の方策を模索していくようなことにもなりかねない。そのような展開は，ある意味で極めて健全なセラピストの献身からもたらされるものでもある。しかし，だからこそ，このセラピストの内的体験に言及されない事例の記述において，「トピカをはたらかせてその生命的・実践的な意味をキャッチしているような現実」が欠けているという SVor の見立てが重要となるのである。

　このように，あくまでセラピストにとって，あるいは当該事例における固有の関係性において，クライエントは何者であるのかを探索し，先の見通しを立てていくことが，アクチュアルな「見立て」の本筋となる。そして，その「見立て」は他ならぬセラピスト個人の感性に基づき，その事例に出会ったときに想起されるイメージから立ち上がるアクチュアルな見通しを構築することが目指されていくべきであろう。

　一方で，こうしたアクチュアルな見立てから私たちを遠ざける作用が心理臨床家自身の内には常に潜在していることも忘れてはならない。木村（1994）は哲学者ヴィーコの言を借りて，「クリティカ」を「共通感覚を窒息させてしまうもの」とし，「一瞬も固定することができない」アクチュアリティを「科学以外の目でものを見る見かたの重要性」を強調した。科学もまたその後，当時の固定的なものの捉え方から脱却していく方向にあるとはいえ，その普遍的ともいえる「分別理性」の作用は，私たちが臨床の現実に接近しようとするとき，現代的な「専門性」や「公益性」という形をとって，確実に生身の臨床実践に影響を及ぼしているといえるのではないだろうか。

4. 臨床実践指導におけるアクチュアリティ

　2020 年から始まったいわゆる「コロナ禍」によって急速に加速した現代社会の ICT 化は，現在，私たちの生活の隅々にまでその影響を及ぼしている。かつて木村（1997）が「離人症において失われるもの」として見出したアクチュアリティは，もはや個人が世界とのアクチュアルな関わりを見失う社会的事態として，症状として異化されることもなく私たちの心のあり様に浸透して

いるようにも思えてくる。インターネットを介した遠隔コミュニケーションには，リアリティはあってもアクチュアリティは圧倒的に欠落している。身体をその場に共存させず，指先1つでそのつながりのON/OFFを操作できる双方にとって安全かつ効率的なコミュニケーション形態は，科学の進歩が与えてくれた私たち人間にとっての最先端の防衛手段である。

心理臨床における「見立て」に先に述べたようなアクチュアリティの欠落が生じてしまうことは，それが人間の行う所業である以上，自然な成り行きである。しかし，だからこそ，心理臨床家にはその成り行きに抗う姿勢と，クライエントや事例に対してあえてアクチュアルに関与するメソッドを培っておくべきであろう。その一点をもって，私たちは心理臨床の専門家を名乗れるのだといってもよい。

こうしたアクチュアリティの欠落が，これから心理臨床家を目指そうとする者に見られるならば，スーパーヴィジョンや事例検討を通して「見立て」のアクチュアリティを涵養することが，その臨床実践指導における重要な柱になるのではないか。その一方で，やや不遜な言い方になるが，現在の心理臨床家の養成において，アクチュアリティの欠落が実践指導者自身，あるいはその関与のあり方においても生じてしまってはいないか。心理臨床の指導者は，トレイニーや大学院生に対してアクチュアルに関われているだろうか。このことは，現在大学で臨床心理士養成の任に就いている筆者自身に生じる変化も含めて懸念されるところである。

本稿で論じてきたように，アクチュアルな「見立て」の創生は，個の経験に培われた感性（sensitivity）と想像力（imagination），そしてその文脈に基づくヴィジョン（vision）の連なりを個々人が見出すことによって実現するものと筆者は考えている。そのためには，一見して臨床的な技術とは無関係なように見えるパーソナルな経験と関係性を再評価せねばならない。

パーソナルな経験と関係性とは，心理臨床家が個々人で培ってきた経験，すなわちサッカーや野球のようなスポーツ経験や，音楽，ダンス，旅行，子育てに至るまで，当人が自らのアクチュアルな感性や想像力を身近なコミュニティとのつながりの内に望んで鍛錬してきた素養である。他にも，おそらく心理臨

第2部　見立てにおけるイメージの活用

床家それぞれが育った土地や文化，その風土なども，その素養を形作っている。現代とこれからの臨床実践指導においては，このようなパーソナルな経験と関係性の臨床実践的活用までを議論する必要性を感じるのである。

「実在論であると観念論であるとを問わず，われわれが現に経験している世界や対象の『実在』を問題にする場合には，それがわれわれ自身の自己存在への関心，われわれ自身の自己の歴史性を度外視しては語れないものであることに，深く思いをいたす必要があるのではなかろうか。」（木村，1997）。こうした現代にも通じる心理臨床課題を見通していたかのような木村のアクチュアルな視座を，今一度自らにも問い直すことが求められているように思う。

●文献

浅田剛正（2014）．心理臨床実践とスーパーヴィジョンシステム．皆藤章（編）．心理臨床実践におけるスーパーヴィジョン——スーパーヴィジョン学の構築．日本評論社，pp. 68-97.

木村敏（1994）．心の病理を考える．岩波新書，p. 15, pp. 29-31.

木村敏（1997）．リアリティとアクチュアリティ．木村敏著作集7．弘文堂，pp. 287-316.

中野祐子（2004）．心理臨床の場における「見立て」について——初回面接の「見立て」生成プロセスの検討を通して．心理臨床学研究，22（1），59-70.

髙橋靖恵（2024）．心理臨床実践において「伝える」こと——セラピストのこころの涵養．福村出版．

第 3 部

見立ての実践

第3部　見立ての実践

第9章

ロールシャッハ法を見立てに活かす
イメージカード選択段階に注目して

石井 佳葉

1. 見立てにおけるロールシャッハ法の位置づけ

(1) ロールシャッハ法を通じてストーリーを理解する

　見立ては土居健郎が提唱した概念であり，心理臨床にかかわる者ならだれもが知っているだろう。馬場（1997）は，見立てについて心理査定をよく言い表した言葉であると述べ，クライエントの問題の内容を解り，その生き方のひずみがどのように成り立っているのかを探り，解決のための方針を立てることだと定義した。見立てや心理査定といった言葉の登場によって医学的な視点の「心理診断」は手放され，病理や問題だけではない"人"に対する深い理解が目指されるようになった。

　そのための手段として，心理専門職には心理検査を用いた多角的な情報収集と，拠って立つパーソナリティ理論に基づく仮説生成が求められてきた。むろんクライエントを深く理解するためには，心理面接や家族・職場からの情報も重要であり，心理検査の導入は必須ではない。それでも心理検査という緊張感のはらむ状況下でクライエントを観察し，産出された反応の背景を吟味するこ

とは，その人の深い理解に寄与すると思われる。

　特に投映法では曖昧な刺激を媒介とすることで，その人らしさを丁寧に拾い上げようとする。ロールシャッハ法においてクライエントは異なる刺激に次々とさらされるが，色や濃淡といった図版上の刺激だけではなく，検査者を含めた検査状況それ自体の刺激も含まれる。こうした中でクライエントの心の中にはさまざまな情緒や欲求が湧き上がり，産出された反応からは，その人が自身の内面にどう折り合いをつけようとしたのかが理解される。人によっては刺激に動揺して冷静さを欠き，自身が脅かされているのではないかと迫害的な不安を強めてしまう場合もあるが，同時に，なじみのある防衛を使用しながら，もう一度冷静に現実を捉えようと回復する健康的な側面も見ることができる。

　これはいわゆる継起分析の視点であり，土居（1992）の重視するストーリーを読む姿勢にもつながるように思う。土居は相手の心の状態を理解するためには，時間的経過に沿って，相手との関係を視座としながら話を聴いていくことの必要性を伝えている。ロールシャッハ法でいうならば，10枚の図版の流れ，さらに自由反応段階から質問段階への時間的流れに沿って，検査者との関係性を基盤に理解を試みていく姿勢である。そうした意味でも，主に力動的な立場の臨床家たちによって，ロールシャッハ法がクライエントの心の動きをストーリー的に理解する重要なツールとして活用されてきたといえる。

（2）イメージカード選択段階の可能性

　ロールシャッハ法を見立てに活かそうとするとき，自由反応段階・質問段階の分析が中心となりやすいが，筆者はイメージカード選択段階（以下，IC選択段階）も有用だと考えている。この段階では，好き（MLC），嫌い（MDC），母親（MIC），父親（FIC），自身（SIC）などのカードを選択してもらい，その理由を聴取する。1時間以上に及ぶ検査の終盤，すなわちクライエントと検査者の対人交流が深まったタイミングで導入される。

　髙橋（2014）によれば，検査や検査者に対するクライエントの心の動きは心理検査の予約段階から始まっているのであり，それは親に対する感情などが含み込まれた複雑な心模様であるという。とすれば，終盤に導入されるIC選択

第3部 見立ての実践

段階において，クライエントの心の動きがより活性化していると考えるのが妥当であり，この段階の反応から対人関係やその背景にある内的世界の特徴を見立てていくことも可能だろう。

また，IC 選択段階では具体的な反応の枠組みが提供されるため，クライエントにとってある程度自覚している（しやすい）内容が多く含まれることになる。ただし，退行した状態で IC 選択段階に取り組まれる場合もあり，自覚できそうでできない内容であることも少なくない。まずは，クライエントにとってなぜそうした微妙な状態が維持されているのかを吟味することが，その人を理解することになると考えている。

本稿では，そうした繊細な理解がかなわず中断に至った事例を提示する。心理アセスメントと面接過程を照合しながら，IC 選択段階による理解を見立てに活用することの可能性を考えてみたい。なお，個人情報保護のため，本質を損なわない程度に事例内容を修正している。「　」は A が語った内容，〔　〕はロールシャッハ反応，〈　〉は筆者の発言を示す。

2. 臨床素材

(1) 事例の概要

A は女性らしい服装と華やかな化粧が印象的な 30 代女性であった。幼少期から人とのかかわり方がわからず，母親や姉から「変な子」だと言われてきたため，「普通」になれるよう他者の言動を「研究」したという。また，仕事で忙しい母に代わって家事を担い，大学生の頃からは断続的に過食嘔吐が始まった。その後も症状は継続し，勤務中も人目を盗んでは過食嘔吐や飲酒を繰り返していた。数年前に母親の病気が発覚したが，父親と姉には頼れず，すべて A が対応していた。母の死後，A は初めて精神科を受診した。

第 9 章　ロールシャッハ法を見立てに活かす

（2）心理アセスメント

　主治医からは，中核的な摂食障害ではない点，困り感が薄く就労継続が可能
である点から治療方針が立たないとのことで，筆者に心理検査が依頼された。
紙幅の都合上，ロールシャッハ法のみ提示するが，他検査からは知的な問題や
ASD傾向は認められなかった。ロールシャッハ法の結果を表9-1に示す。

1）量的分析および継起分析

　十分な量の反応数であり，心的活動は活発である。平凡反応数およびFC＞
CF＋Cからは適応的な側面がうかがわれる一方で，M，ΣCのいずれも多数
産出され，形態水準も低くなっていた。このことから，不快な刺激に対して空
想的になったり行動レベルで対処したりと不安定になりやすいと考えられ，自
我機能の問題が示唆される。また，潜在的に両向型傾向が示され，依存愛情欲
求や抑うつ感の不充足感，内的な不安を蓄積していることが推測された。

　続いて，継起分析について記載する。Ⅰカードから陰影刺激に敏感であり，
やや強引に美化された（［ドレス］）。検査者の介入には被害的になり（［怒った
犬の顔］），周囲のものに近づくと［ボロボロ］になるなど，対象とかかわると
傷つけられることへの恐れが顕著であった。

　Ⅱカードでは赤色刺激の隔離を試みるが，他の刺激を敏感に受け取って形態
水準が低下し，防衛に失敗した。対人交流は［筋が切れて血が飛び散る］よう
に負荷が大きく，湧き上がる攻撃感情の統制に苦慮していた。こうした不快感
情は抱えきれずに外界に排出され，ブロット全体が大きな怖い顔（「Wの−反
応」（馬場，1983））として迫害的に体験された。

　Ⅳカードでは接触感を伴う良形態のM反応が知覚された。Ⅴカードでも輪
郭から接触感を感受し，ⅠやⅣと同様に［マント］を着た人間像が見られる
など対人希求性が示唆される。しかし，人物の顔は見えず後ろ姿であった。

　Ⅵカードでは陰影刺激に触発されて活発になるが，［汚される］，［いびつ］
であるなど自己不全感も露呈した。その反動からか，ⅦカードではF反応を2
つ知覚したのみであり，回避的な傾向が示唆された。

119

第3部　見立ての実践

表9-1　ロールシャッハ法の結果（抜粋，一部省略）

	Time	Free Response	Inquiry	Score
I	14"	①ドレスを着た女の人…くらいです〈他にあれば〉	①袖が風になびいている。足，手。〈袖？〉ここが手なので〈ドレス？〉レースのような透けている所とクシャクシャとなっている所。	W　Fc干, mF　H, Cloth
		②怒った犬の顔	②耳，目，口がカッと開いているので，怒っているのかなと。〈犬？〉耳の形と骨格。	W, S　FM±　Ad
		③蛾のよ…蛾でしょうか。	③触角，頭，羽。白黒，ムラがあってギザギザなので電球にたかるイメージ。羽もボロボロ。	W　FM干, FC'　A　P
	1'42"	④モーセの十戒みたい（指をさす）	④海をわるときにマントを広げて手を掲げてる。周囲の飛び散っている感じが布が破けている。〈？〉背筋がピーンと伸びて，服はボロボロ。	W, S　M±, mF, FC' th
IV	15"	②黒いマントを着た男性	②襟が立っていかり肩。毛皮のような大きいマント。足が太くてまっすぐ立っているから。	WC　M±, FC'　H, Cloth
	45"	③背骨	③背骨と肋骨に見えたので，白い部分が背骨と内臓，肋骨。小さい骨。さっき（III）のが腰。	W, S　C'F－　At
V	6"	①ファーのついたハイヒール	①ヒールがまっすぐ。〈ファー？〉毛羽立っていので。もやもや波打っているので。	W　F±　cloth
	42"	③マントを広げた女の人の後ろ姿それくらいです	③足，肩。顔が見えない。〈？〉腰が細くて女性。マントとかを広げている。不規則に伸びているので自分で広げている。毛羽立っている。	W　M干　Hd, Cloth
VIII	11"	①子どもが手をつないで遊んでいる	①4人の子ども。手をつないでぐるぐる回っている。〈？〉遊具はぼやけている。〈子ども？〉後ろ姿でぐるぐる回っていて不明確。	D　M干, m　H, Obj
		②花の標本	②汚い汁が出て，失敗した標本。葉とかめしべとかの汁が出てる。	W　FC干, m　Pl.f
	1'20"	④ハチの顔	④目，口，頬の輪郭，頭部見えない。	W　CF－　Ad
IX	10"	①ナイトテーブルにあるライトスタンド	①赤い部分は台，まっすぐ伸びた電球にオレンジとグリーンが傘。青白く電球が光っている。	W　Fc±, FC　Obj
	55"	②犬が2匹ごめんなさい，それくらい	②緑のところが犬。鼻，目，口。〈餌？〉自動餌やり機。飼い主がいないときも餌が落ちてくる。口を開けて手を向いてお椀を見てる。	W　FM干　Ad, Obj, Food

R=39, R1T/N.C./C.C.＝10.6"/9"/12.2", W : D=29 : 7, Dd ％ ＝ 2.6, S ％ ＝ 5.1, W : M＝29 : 10, M : ∑C ＝ 10 : 8,
Fm+m : Fc+c+C' ＝ 10 : 10.5, FC : CF+C=7.5 : 4, M : FM=10 : 6, F ％ / ∑ F ％ = 23.1/94.9, F+%/∑ F+%= 66.7/48.6,
R+% = 46.2, H%= 41, A%= 30.8, At%= 5.1, P = 4, CR = 9, DR = 9
※上記すべての反応においてカードの向きは正位置

Most Liked Card（IX）一番色がきれい。輪郭はっきりなのと柔らかい部分が入っているので。濃淡がついてきれい。
Most Disliked Card（VIII）わからないところが多すぎて。白黒の方が…。色つきすぎたりすると，ぼやけて見えて。
Mother Image Card（IV）え～…うちの母は背筋が伸びていたので。服，身だしなみ，おしゃれな感じ。
Father Image Card（I）なんとなくうちの父の後ろ姿に似ている。なんとなくですけれど。
Self Image Card（V）イメージあんまりない。私の靴と同じだった。

Ⅷカードの多彩色刺激にさらされると，退行して現実検討が低下した（M
干）。さらに，［花］の自己愛的な側面と，［汚い汁が出て，失敗した標本］の
毀損感が共存した反応が産出され，不安定さが顕著であった。

Ⅸカードでは美化による対処が試みられたが（Fc±），［自動餌やり機］の内
容から対人希求性とその満たされなさが顕わになった。

Ⅹカードでも赤色刺激の処理に失敗し，［泣いている女の子］（F/C-）が知覚
された。［赤い涙］，［顔が輪郭なくて真っ黒］といった明細化から，内外の刺激
に圧倒され，処理できなくなっていたようである。最後は［昆虫の標本］（F±）
を知覚し，形態水準を回復させて質問段階を終えることができた。

2）IC選択段階

IC選択や理由説明に大きな混乱は認められなかったが，「きれい」な多彩色
のⅨカードがMLCに，同じく「きれい」なはずのⅧカードがMDCとして選
ばれた。MDCの理由は多彩色によって「ぼやけて見え」るからであり，情緒
刺激に触れると自我のコントロールが低下することに自覚的であるといえる。
とすれば，［自動餌やり機］（Ⅸ）に漂う情緒交流の乏しさと苦痛が「ぼやけて
見え」，表面上は「きれい」と見なすことで葛藤を回避していたと考えられる。

MIC（Ⅳ）とFIC（Ⅰ）では，それぞれ［まっすぐ立っている］，［背筋］が
伸びている状態の［マント］を身に付けた後ろ向きの男性像が知覚された。布
地の接触感以上に，背を向けられている状態や超自我的な厳しさが連想される。
特にMICでは［背骨］（C´F-）が知覚されたカードであり，母親に対する怒
りや不快感情もうかがわれる。

最後に，SICでは「イメージあんまりない」と言いつつ［ファーのついたハ
イヒール］（Ⅴ）を選択しており，女性性を駆使しながら，自ら接触欲求を満
たすAのやや万能的な在り方が推測される。

3）心理アセスメントによる理解（当時）

他者との情緒的つながりを求めて近づけば強い不安が生じ，迫害的な体験を
繰り返していた。こうした苦痛は過食嘔吐・飲酒によって排出されており，原

第3部　見立ての実践

始的な防衛の使用からも境界性パーソナリティ構造が想定される。当面は，日常レベルの困り事を扱うなど，迫害的にならない対人関係をもつことを目的とした支持的な面接が有用と判断した。

(3) 面接過程

　主治医からの提案で心理面接（月2回）が導入された。Aは過食嘔吐と飲酒について家計を圧迫しない程度に減らしたいと話し，「専門家に従うだけなので」とそっけない様子であった。筆者は心理アセスメントでの理解と目の前にいるAをつなげられずに困惑していた。「酒，飯，金」しか言わない父親を甲斐甲斐しく世話するAの生活に耳を傾けながら，情緒的な動きの感じられるポイントを必死に探していた。しかし，数回の面接の後，来談が途絶えた。

　数か月後に面接に現れたAは，小動物を飼い始めたことを報告した。飼育の話から母親の看病をしていた日々が想起されると，現在の状況は「自分でも何がなんだかわからない」と悲しそうに笑った。Aが世話役に回ることでしか自身を定位できない苦しみが初めて伝わってくる場面であった。これを機に「自分の気持ちがわからない」ことについて探索的に進めていくことを話し合い，面接頻度を毎週に変更した。しかし，Aの遅刻やキャンセル，クリニック都合での時間変更が頻発し，治療の枠は安定しなかった。筆者に対する不信感や怒りが確かに感じられたが，Aには扱いがたい感情であり，「（これらの感情については）忘れちゃうからどうでもいい」とかき消された。主治医の退職に対しても，「（医者は）薬さえ出せばいい」と道具のように扱った。かつて，母親はAを理解しようと精神科に通っていたが，結局「ノイローゼ」になってしまったことがあった。理解しきれない母親と関連させて筆者に対する失望に触れたが，Aは「ギブばかり提示されるのは怖い」と一蹴し，抱えられる感覚に違和感を示していた。

　この頃から沈黙が増え，何を感じているのだろうかと水を向けても，Aは「頭や心を通さずに話すから覚えていない」，「話しても話さなくても心は何も動いていない」と，面接を意味のないものとして切り捨てた。沈黙は「バスを待つのと同じ」だというAに対して，筆者はAの語りを待たなければならな

い，と力んでいた。合間にペットの話題が持ち込まれ，「求められる通りに構っているだけ」だと言われると，ペットになっているような情けない気持ちにもなった。なお，ペットについては，父親に迷惑をかけないよう自室から出ないことを条件に選択されており，筆者はAが周囲の望む形に必死に合わせてきたことに触れた。Aは自身の犠牲を誰も覚えていないと怒りをにじませたが，すぐに張り付いた笑顔でこちらの様子を窺っていた。

　決して心地のよくない感情が賦活することへの困惑を話し合う中で，Aは涙を流しながら「目の前にあって，それに触れないように必死に避けてきた」，「どんな味がするのか，飲まないといけない」と言葉を絞り出した。〈怖さを抱えながらも来談を続けている〉としか言えない筆者を前にAの涙はすっと引き，いつもの様子に戻っていた。その後の面接で，「心と身体がバラバラ。いつか身体に乗っ取られるかも」と語る通り，空虚になっていくAの様子が想像されたが，筆者は何も答えられなかった。そして，この面接以降来談が途絶えた。心理検査でAと出会ってから，約1年後のことであった。

3. 考察

(1) 検査者と面接者が同一であることをめぐって

　吉村（2022）は，ロールシャッハ法を用いた事例を提示し，面接者が検査者を兼ねることで心理検査が面接の一部としてクライエントに体験されやすく，関係性を重んじる心理療法の展開を後押しする可能性について指摘している。

　Aは面接開始当初から「家計の圧迫」を強調し，症状それ自体にはまるで困っていないかのような万能的な態度を示していた。その背景には，筆者に心理検査を通じてすべて見透かされているのではないかという不安が関与していたように思われる。Aは年下の筆者を「専門家」として扱ったが，筆者は自身の未熟さを見透かされているような居心地の悪さを抱えていた。実際に心理アセスメントの結果と目の前のAをつなげられず，強い焦りを抱えながら専門

第 3 部　見立ての実践

家の座を保持しようと必死になっていた。

　つまり，Ａも筆者も互いに見透かされる怖さを抱えており，見透かす‐見透かされるという非対称の関係がコロコロと入れ替わっていた。筆者に近づきたいものの，Ａにとって対人交流は「膝があたって筋がはじける」（Ⅱ）ほど激しく，境界が曖昧となるほど混乱を招くものであった（Ⅷ）。対面の心理面接では迫害的な体験が生じやすく，Ａの不安や苦痛は投影同一化によって筆者に排出されていたのだろう。

　どこかＡの優越性が維持され，心理面接も主治医も価値の低いものとして扱われた。しかし，「変な子」であるという強い劣等感を抱えてきたＡからすれば，筆者／主治医も，「普通」である母／姉と同じく羨望の対象となり，Ａだけが不当に扱われているという感情が破壊性を高めることとなっていた（Steiner, 2011/2013）。Ａにとって，面接頻度の変更や解釈による情緒的な接近は「一方的な give」でしかなく，自分には良いものが欠けているという感覚や屈辱が体験されやすかったのだろう。そのために度重なる遅刻や沈黙によって回避し，Ａ自身が父親やペットに良いものを与える側に身を置くことで，筆者に対する羨望を否認していたといえる。筆者も“Ａの世話を待つペット”にさせられ，心理検査での理解を活用できずにいたのかもしれない。

　一方，Ａが良いものを与えているようで，逆に従わされている側面に疲弊しているところもあり，それはロールシャッハ法で対象に近づいて［ボロボロ］になる反応からも理解される。こうしたＡの献身を家族は誰も覚えておらず，まさに IC の［背を向ける］対象ばかりであった。いわゆる不在の対象は迫害的に体験され，過食嘔吐や飲酒を使用した快楽によって誤魔化されてきた。職場でＡの問題行動に気付かれないことは［背を向ける］対象の反復であるが，他者の目を盗んで過食嘔吐・飲酒を行うこと自体も新たな快楽となっていた。こうした倒錯的な行為の蓄積を前に，筆者は検査者としても面接者としても無力となっていた。言いかえれば，Ａの豊かな反応を活用できない筆者自身も，Ａに背を向ける対象になっていた。

（2）IC選択段階に見るエディプス的関係について

　Aの両親イメージはいずれも背を向け，超自我的な存在として表現されていた。両親の差異が曖昧にされているようであり，父－母－Aのエディプス状況に耐えられないAがいたのではないかと考えられる。来談当時，Aは死んだ母に代わって父親の世話に勤しんでいた。Steiner（2011/2013）が詳しく論じているように，子どもはエディプス状況において生じた両親との違いに対して，不正な権力行使に服従させられたと感じ，鬱積を貯めるが，同一化による対処ではそれらの感情が解決されることはないと考えられている。

　Aは「おしゃれ」な母親のように化粧や服装に気を遣い，家事を担い，母の望む「普通」を取り入れようと努力を重ねてきたのであるが，結果的に母を排除することとなった。母の死後に初めて医療機関を受診することになったのは，決して偶然ではなく，Aが罪悪感に苦しめられている部分があったからだと考えられる。しかし，自身が母親を攻撃し破壊してしまったことに伴う抑うつ感情に向き合うことは難しく，Aは母親への同一化を続けていた。自室でのペット飼育についても，父親との子どもをAの身体内で密かに育み，父－A－ペットの万能的な三角関係を成立させていたと捉えることもできるだろう。取り入れられた母親は，[背骨]（MIC）としてAの中で生き続けていたが，「身体に乗っ取られ」そうであるという危機的な状況をもたらした。

　こうしたエディプス状況をめぐるAの混乱は，主治医－筆者－Aの三者関係で進展する治療によっても活性化していた。特に治療過程で主治医が突然不在となったことは，母親のノイローゼや死の体験を想起させ，Aは自身の抱える憎しみや破壊性に再び触れそうになった。面接内では沈黙によって回避を試みていたようであるが，それは[花]（MDC）から[汚い汁]が流れ出て止められないように，Aにはコントロールできない恐ろしいものであった。自身の抱える何かを「飲まなければならない」と切迫した語りで表現され，否応なしに全身に浸透してしまう迫害的かつ侵襲的な体験となっていた。しかし，こうした苦痛は過食嘔吐・飲酒によって具象的に処理されるため，思考できるものにはなり得ず，ずっと「わからない」ままにされてきたのだろう。筆者との間で

第3部　見立ての実践

も安全に取り入れられるものとならず，A は面接から去ることを選択した。

　IC 選択段階からは，面接で話し合う前に，A が自身に背を向ける両親との間で抱えられる体験が乏しく，自ら［ファー］をまとって自己愛を満たすしかなかった孤独感や絶望感を推測することができるだろう。そうした視点で話を聴いていけば，両親から排除される怖さや不安を抱えていること，それを解消するために母親への同一化で対処し続け，「自分の分からなさ」を維持してきたというストーリーを理解できたのではないだろうか。

　ロールシャッハ法では時間をかけてコミュニケーションを取り，IC 選択段階に至る頃には検査者に対するさまざまな感情が醸成されている。そこで自身の内的世界の一端を表してくれていた A は，潜在的には筆者にわかってほしいと強く願っていたのだと痛感させられる。IC 選択段階という最後の最後まで検査者に伝えてくれているものがあり，そのこと自体が重要な見立てにつながることを，まずは受け止めたい。

●文献

馬場禮子（1983）．改訂 境界例――ロールシャッハテストと心理療法．岩崎学術出版社．

馬場禮子（1997）．心理療法と心理検査．日本評論社．

土居健郎（1992）．新訂　方法としての面接――臨床家のために．医学書院．

Steiner, J. (2011). *Seeing and Being Seen: Emerging from a Psychic Retreat.* Routledge. 衣笠隆幸（監訳）（2013）．見ることと見られること――「こころの退避」から「恥」の精神分析へ．岩崎学術出版社．

髙橋靖恵（2014）．心理アセスメントの実践的訓練を通して理解する「臨床のこころ」．髙橋靖恵（編）．「臨床のこころ」を学ぶ心理アセスメントの実際――クライエント理解と支援のために．金子書房．

吉村聡（2022）．心理検査の導入は精神分析的心理療法にどのように影響するのだろうか．ロールシャッハ法研究，**26**，40-49．

第10章

心理臨床の営みに生かす環境の見立て
知的障害の特別支援学校で思春期を支える協働実践から

長谷 綾子

1. 心理臨床をとりまく環境を見立てる

　私たちの心理臨床の営みは，目の前にいる対象者がさまざまに発するメッセージに自らの心を傾けるところから始まる。対象者が発するメッセージには，これまで他者に理解され得なかった苦しみと痛みが含まれることが多い。そして心理臨床家の営みは多くの場合，さまざまな職種のスタッフが所属する組織におけるチーム協働の中に位置づけられる。

　精神分析的な立場で組織コンサルテーションを実践した Obholzer（1994/2014）は，チーム協働において各スタッフが自らの専門性を最大限に生かすためには，安全感を確かに感じられる内的・外的枠組みが必要であることを述べている。スタッフが守られる環境があってこそ組織は落ち着いて共通目標をもつタスク（ケア）に取り組めるようになり，その結果，対象者の心の苦痛が初めてコンテインされ得ることに言及している。つまり，スタッフを守る安全な環境は，対象者にとって安全な環境にもなるといえる。

　安全感が得られる環境は最初からあるものではない。安全感は協働支援のプロセスで時に脅かされ，時に育まれていく。つまり心理臨床の営みは，常にそ

第3部　見立ての実践

の営みをとりまく環境と相互に作用し，連動している。

　ここで筆者が言う環境は協働者に限らない。社会や組織の制度，構成スタッフ等，固定的な要素だけでなくその運用や関係性，スタッフ各々の情緒等，意識・無意識を含めた動的な要素も含む。心理臨床家はひとり職場の非常勤という立場で勤務することも多い。そのような状況で孤独感や閉塞感を募らせ，ケアや協働に支障が生じるリスクが高じるのは自然なことであろう。それゆえに心理臨床家はまず，自らが身を置く環境を見立て，その見立てを生かしたケアを実践する必要があると筆者は考える（長谷，2019）。

　本稿では筆者のこの考えに基づき，ある知的障害の特別支援学校で初めてのスクールカウンセラー（以下，SC と表記）として着任した際の協働実践例を提示し，環境の見立ての臨床的意義について検討する。さらに協働支援のプロセスが展開するために必要な要件について，若干の考察を加える。

　なお本稿の趣旨は，環境の見立てを心理臨床の営為にいかに生かすか，という点に焦点化しているため，面接における対象者の心理的理解や面接関係の見立てについては紙面の都合上，詳細には触れない。本稿は筆者の所属機関の倫理審査委員会の承認を受けて執筆した。掲載については本人および保護者の承諾を得ているが，プライバシー保護の観点から必要最小限の記述に留めている。

2. 知的障害の特別支援学校における心理的支援の現況

　実践例を提示する前に，知的障害を伴う児童生徒のメンタルヘルスに関する現状について先行研究（下山，2023 など）を参照し，ごく簡単に触れておく。知的障害児の児童思春期におけるメンタルヘルスの問題発生率は他の子どもに比べておよそ 3 ～ 4 倍と言われており，特別支援学校の在籍生徒数は特に知的障害の高等部において著しい増加傾向にある。さらに高等部では軽度の知的障害の生徒が多い（国立特別支援教育総合研究所，2010）。それゆえに心理的な支援が求められる一方で，令和 2 年度における特別支援学校への SC の配置率は

第 10 章　心理臨床の営みに生かす環境の見立て

3割程度に留まっている。また，この領域のSC活動には多くの実践的な課題が指摘されている。その中でもSCを活用するシステムの不十分さ，活用機会の制限や相談に伴う教員の葛藤，SCの役割の曖昧さ，情報共有の不足等，連携・協働上の問題が目立つ。

　これら現状を踏まえると，知的障害の特別支援学校に勤務するSCは，自らの営みを最善のチーム協働に生かすために学校環境を現実的にアセスメントし，活動の方針や内容を吟味したうえで実践の基盤を整えることから始める必要があるだろう。

3. 協働実践例

（1）SCをとりまく環境と活動内容

1）校内体制と教育的取り組みの特徴

　筆者がSCとして勤務する学校は小学部，中学部，高等部で構成され，生徒たちは同じ敷地内で学校生活を送っている。小規模校という特長を生かし，児童生徒一人ひとりの状態や特性に応じた豊かな経験を提供し，社会の構成員となるひとりの人間の育ちに携わっている。校内は多様な支援ツールで溢れている。個々の特性に応じた教諭手づくりのアナログなツールに加えて，近年はICTを活用した効果的な支援が日常的に行われている。

2）校内の教育相談体制とSCの勤務・活動内容

　児童生徒，保護者のあらゆる相談は，基本的に担任が対応する。そして管理職および養護教諭が後方支援を行っている。SCは月に2回，各4時間の勤務で，SCの業務をマネジメントする役割は養護教諭が担い，児童生徒や保護者，教諭らの相談やケース会議，研修および研究に関する調整を行っている。

　SCの主な活動は，児童生徒および保護者の個別相談や教諭へのコンサル

テーション，予防活動，校内観察などごく一般的なものであるが，本稿の主題に関わる予防活動，「心の健康支援（以下，支援面接と表記）」について少し説明を加えておく。

　支援面接は主に高等部の生徒を対象としている。面接の目的は，児童生徒に多様なコミュニケーションの機会を提供すると同時に，メンタルヘルス支援（予防）につなげることにある。具体的な内容は，SC が高等部の生徒全員を対象とした 10 分程度の面接を定期的に実施し，適宜，本人の了承を得たうえで必要な情報を教諭や保護者と共有して支援へとつなげる試みである。言葉での対話が難しい生徒や新奇な大人との対面で混乱しやすい生徒については，養護教諭が後方で見守りながら面接を行っている。

(2) 雇用初期における「環境の見立て」

　着任直後における環境の見立ておよびその後の体制は図 10-1 の通りである。

　SC として着任した筆者はまず，これまで SC がいなかった事実に衝撃を受けた。同時に，今回の雇用に際して教諭らにどのような思いがあるかを知る必要があると考えた。

　それについては着任後のごく初期に，管理職および養護教諭から，これまで学校が苦慮してきた児童生徒の心理・行動上の課題やそれに関する保護者らの苦悩，そしてそれらへの関わり等について聴く中で少しずつ理解されていった。

　その過程で SC は，生まれながらに知的障害のある児童生徒らの育ちに携わる教諭らの希望や喜びとともに，これまで澱のように積み重なりながらも十分にケアされていない心の苦しみと痛みに感じ入ることが度々あった。しかし同時に，過去の経験を経て SC の雇用に乗り出した事実を鑑み，図 10-1 の通り見立てを行った。

　SC はキーパーソンとなる養護教諭に，初めての特別支援学校の勤務で，限られた活動時間であるという SC 側の不安や限界を率直に伝えた。養護教諭は高いマネジメント力によって，管理職や他教諭らを巻き込み，SC 活動の基盤づくりを進めた。

　以下に，既述した校内体制において，高等部の支援面接が開始された後に担

第10章 心理臨床の営みに生かす環境の見立て

環境要因	
社会的状況	・SC活用の体制不備，経験不足 ・心の問題への対応が課題（特に思春期）
学校の状況	・SC雇用へのニーズ／希望 【過去の心的苦痛経験からの学び】 ・SC活用の体制不備，経験不足 ・心の問題への対応が課題（特に思春期） ・小規模校で関係が密 ・幅広い対象年齢 ・学校はSC活動に協力的

環境の見立て
・一緒に新しく体制を整備していける ・小規模ゆえに意見がまとまりやすいが，反対意見も影響しやすい ・養護教諭がキーパーソンとして機能している

活動の基盤・体制づくり
・学級観察で教諭とSCが日常的に話せる機会をもつ ・支援が必要なケースについてはカンファレンスを実施する ・特にニーズが大きい高等部については，SCが生徒と定期的に会う機会をつくる（支援面接）

図10-1　環境要因と見立て，体制

当した2つの実践例を提示する。

1）実践例A：心の苦痛を一緒に読み解く

地域の中学校から入学したAは，入学直後，教室内で突発的に情緒不安定となり混乱する出来事があった。担任は養護教諭のサポートを受けながら支持的に対応したが，Aの混乱の背景については理解しかねている様子だった。

出来事から少し経過した頃のAとの支援面接で，SCがまず学校に慣れたかを尋ねると，他人事のような口調で「前よりはいいんじゃないですか」と言った。SCは，前より良い状態にあることに安堵した一方，前につらい思いをしてきたのかもしれないと想って気にかかることを伝えると，Aはいじめを受けた過去について非常に鮮明に話し，それゆえに「人を信じなくなった」と伝えてきた。淡々とした口調ではあったが，その言葉の背景に「絶対に許さない」という静かな怒りとその奥に潜む深い傷つきが感じられた。SCはそれらがケ

第3部　見立ての実践

アされる必要性を感じ，「またこんなふうにお話ししたいと思うけど，どうかな」と伝えると，Aは「別にいいですよ」と素気なく答えた。

　面接後，SCと担任のコンサルテーションでAはいじめの過去について担任にも話していたことが明らかとなったので，SCは彼の傷つきと現在の心の様態（混乱）とは関連があるかもしれない可能性を担任と共有した。その後，担任が折に触れてSCとの面接をAに提案すると，Aは受け身的に応じた。Aは面接でよく，日々の心身の状態（特に「自分が考えてもいないことが浮かんでくる，勝手に体が動く，変な感じがする」等，解離様の状態）について自ら語り，「自分が自分でなくなりそうになる」ことを話した。SCは丹念にその語りに耳を傾け，「それは相当，怖いと思うけど…。どうかな？」と尋ねると頷いたので，今ここではどうかと確かめると，「ない」と答えた。SCは，誰かに話すことで少し楽になるのなら，理解してくれそうな人に適宜，話してみることを提案した。そして，誰に話せそうかと尋ねると，母や担任を挙げた。

　次第にAは担任を通じて自らSCに面接を申し込むようになった。そのような中，ある日，教室内でAが大きく混乱する事態が生じた。担任らはAを別室に分離して支持的に対応したが，何が起きたのかはよく理解できず，後日，SCに面接を依頼した。SCはAに「心の中で何かが起きたのだと思う」と伝えつつ順を追って心の動きを尋ねていくと，ある教諭が強い口調で発言したことを契機に，「自分は存在したらいかん人間だと思った」，「死に場所を探し始めた」，「止められてもそれが強くなった」と話した。そして，「もうどうでもいい」と投げやりになり，そのような自分が強烈に嫌になると同時に「なんでわかってくれんのや」と強い怒りが湧いたことを話した。SCは，教諭に限らず「強い口調」に心が反応しやすいのでは，と尋ねるとAは肯定した。Aに了解を得たうえで，この理解を担任らと共有し，今後，同様の事態が起きた際の対応について改めて検討した。

　その後も適宜，Aと心のありようについて一緒に読み解く面接を重ねた。また，教室では担任らがAの心理的理解をもとに，支持的に対応した。

　担任と養護教諭の計らいで，母とSCの面接も設定された。面接ではSCからAの心理的理解について伝えると，母からAは家でもよく学校の出来事や

自身の心身の状態について話していることが話された。母は本人の成長を実感する一方で、Aの気分の変動や発言の真意が理解できず、困り感を抱いていることも話した。SCはまず、母が日々困りながらもAの話に耳を傾け続けていることに敬意を抱いた。そして、Aが母に話すことは大きな助けになっているであろうこと、AはAなりに頼れる人を頼りながら自らの生きづらさに対処しようとしていることを伝え、周囲各々がAの話に耳を傾けていくという方針を共有した。

その後も適宜、面接を重ねる中でAは、次第に自らの気分の変化や突発的な行為に少しずつ対処できるようになっていった。そして、自らSCに相談を申し込む回数は減っていった。

2）実践例B：自己発見を助ける

高等部のBは中等部から特別支援学校に在籍し、学校生活では大きな成長を見せていた。しかしある日、学校外で想定外の行動を起こし、問題視される事態が生じた。養護教諭が主軸となり、迅速にBへの支援体制が整えられた。教諭らは組織的に役割分担し、支持的かつ教育的な初動対応を行った。SCにも心理的支援の要請があった。

SCはBと支援面接にて面識があったが、いつもポジティブな発言が多く、困り感が伝えられることはなかった。しかしこの事態を受け、SCと担任が話をする中で、Bは自らの考えや思いを表現することが特に苦手で、皆が安心するような適応的な発言を身に付けており、苦手が見えにくくなっていたことが明らかとなった。担任はその事態に自責の念を抱き、悔やんでいた。

SCとの面接でBは、今回の事態で家族や教諭らに言われたことをなぞるように話し、心からの後悔と「二度としない」決意を拙く、しかし強い口調で話した。SCがなぜそれほどまでに強く言うのかと問うと、しばらく考えた後「母さんが…泣いてたから」と答えた。SCは、Bが振り絞るように発した言葉に真実を感じ取り、Bをここまで育ててきた母の深い愛と、その母を支えてきたであろう父をはじめとする多くのサポートを想った。

SCは教諭と予め話した内容を踏まえ、面接では日常生活上の出来事にまつ

わる思いや考えを言葉にし，伝えることを通じて「弱みも強みもあるいろんな自分」を発見していくことを方針とした。そしてBに「毎日を過ごす中で何を感じ，考え，過ごしているのか，ここで話しませんか」と提案すると，Bは強く頷いた。この方針は担任とも共有された。

　担任の計らいでSCは母と会うことになった。幼少時，Bの強い自閉傾向に際して母は大いに苦慮したこと，長年の学校生活を経て，成長を喜ばしく思っていたこと，今は特に家庭で困ったことはないが，Bの思いや考えを聴く会話は少なかったこと等が涙とともに語られた。SCは母の苦労を想い，労いと敬意の念を抱いた。そして，Bをとりまく皆が，Bの言葉にならない表現を受け取り，伝え返していくことの大切さを共有し，家庭での父母それぞれの関わりについて話し合った。

　その後，BとSCは定期的に面接をもち，日常的な話題について対話を重ねた。Bの語りはとても簡素だった。SCは「楽しかったこと，うまくいったこと」と「モヤっとしたこと」を話題のルーティンとし，楽しいことを豊かに語れるように助けると同時に，スライドを用いてBが感じているであろうストレスやその背景要因について理解を共有していった。そして，「こんなふうに話してくれたら，周りはBさんが何でモヤモヤしているのかが少しでもわかって嬉しいし，助けやすくなるかも」と伝えていった。

　担任は実習中，毎日ICTを活用した日誌のやり取りで，Bの表出を支援した。開始当初の拙い，簡素な報告は少しずつ文字数も増え，様子が伝わる文面に変化していった。

　そのような中，卒業を控えたある日の面接でBは「皆の前で先生に注意された」ことを話し始めた。SCがどんな感じがしたかを問うと，「モヤっというか…恥ずかしくて」と話した。「皆の前で言われると，恥ずかしくなるよね」と伝えると頷いた。SCが続いて「誰でも苦手なことってあるから，恥ずかしいことじゃないのにね」と伝えると，「苦手は恥ずかしいことじゃない」と繰り返した。その後の面接でBは，「～するのに皆より時間がかかっちゃうんで。苦手です」と，初めて「苦手」について話した。SCはBとその苦手がどのようなものかじっくりと話し合い，担任らと一緒にできることから取り組む計画

第 10 章　心理臨床の営みに生かす環境の見立て

を立てた。

　B は強い決意のもと，二度と同じ過ちを繰り返すことはなく卒業した。その
後も仕事を続け，充実した生活を送っている。

4．知的障害の特別支援学校で思春期を支える：
環境の見立てと協働実践

(1) 環境を見立てることの意義

　ケアを目的とする組織では，対象者の不安や無力感の投影を受けたスタッフ
が，何とかその場に留まり，希望をもって仕事を続けていくために組織的な防
衛が生じやすい（Obholzer, 1994/2014）。たとえば，重篤な病気や生まれながら
の障害をもつ対象者の言葉にならない苦痛を受けたスタッフの（無意識的な）
罪悪感や無力感は，「考えない／口にしない」ことによって否認されやすい。
もし誰かが職場内でこの事態について考えようとしたならば，他スタッフは否
認によるかりそめの安寧が揺るがされる脅威を（ほぼ無意識的に）恐れて非協
力的，批判的立場に立ち，協働支援が停滞・破綻してしまう可能性も考え得る。
　筆者が勤務した学校でも，そのような事態に陥る可能性は大いにあった。そ
れゆえに，筆者は着任したごく初期に SC（筆者）を雇用するに至った経緯を
尋ねた。SC は自らの心を傾けながらその経緯を聴き，彼らが脅威以上に希望
を見出したからこそ SC の雇用に至ったと考え，図 10-1 の通り環境を見立て
た。この環境の見立てがあったからこそ SC は率直に養護教諭に自らの不安と
限界を伝えることができたし，それを受けて養護教諭は児童生徒にとって最善
の支援を実現すべく支援面接を提案するに至った。この 1 年ほどのプロセスで，
SC の心の内にはチームのメンバーとして迎え入れられ，さらに尊重されてい
るという安全感が醸成されていった。
　このように創られていった SC 活動の外的・内的枠組みが，その後の支援に
もたらした貢献は大きい。たとえば，初めての大人に対する不安が高い児童生
徒らにとってみれば，支援面接で SC との面識があったことは危機的状況に設

135

定された面接で心の内を話す動機を高めた可能性が考えられる。また SC にとっても，支援面接を重ねる中で表現の拙い児童生徒らの語りに心を傾け，聴く土台を築くことができたといえる。

このように「環境の見立て」は単に情報を収集して組織の現状を捉えるだけではなく，心を使った情緒的な作業であり，かつ知的な作業でもあると筆者は考える。環境の見立ては心理臨床家自身が組織内で安全感を醸成するための起点となり，対象者の心の苦痛をコンテインする安全な環境づくりの起点ともなる点で臨床的意義があるといえるだろう。しかし環境は人間関係の力動や既に構築されたシステムの変更等，日常的に動いている。この動的なプロセスは時に不具合も起こすため，見立てを柔軟に変化させることが重要となる（髙橋, 2024）。「見立て直し」である。この点について，次項で詳しく述べる。

(2) 環境の「見立て直し」と協働支援の展開

心理臨床家は対象者の心に起きていることを探索しつつ，対象者は今，協働チームの他スタッフとどのような関係性にあり，どのような思いを抱いているのか，また各協働者はチームの中でどのような役割を担い，協働者間はどのような情緒的関係性にあるのか，といった環境の動的側面を考える必要があるだろう。このように環境を「見立て直し」てこそ，最善の協働支援を模索し得るのではないだろうか。もしこの一連の作業を疎かにすれば，単に情報共有という名の表層的な協働のもと，対象者と協働者の関係性や協働者同士の関係性が難しくなり，「安全な環境」とは程遠くなるだろう。この点について実践例をもとに考えてみたい。

支援面接で SC は，A の深い傷つきがコンテインされる必要があると考えた。また SC は担任の「A を理解したい」ニーズと，A が担任に抱く希望を感受していた。そこで SC は，A の心理学的理解を担任と共有することが A の安全な環境を整えることにつながると考え，実行した。また，A が「変な感じ」を伝えてきた際には，「話せそうな人」に話せるように支えることを通じて，A が自ら安全な環境を創っていくプロセスを支えた。実際，A は自ら面接を申し込むようになった。このような中で A が大きく混乱する事態が生じたが，既に

安全な環境は機能し始めており，担任は落ち着いて支持的に対応した。Aとの面接を経てSCは担任や保護者のニーズ，さらに各々とAとの関係性を見立て，Aの心理的理解を共有し，対応について話し合った。その後はSCを含めた周囲がそれぞれにAと対話を続けていく中で環境の安全性は確かなものとなっていき，Aの混乱や心の痛みは徐々にコンテインされ，落ち着いて過ごせるようになっていった。

　実践例Bについては支援開始時，SCはBを含む関係者各々が抱える心の痛みを感受し，それゆえに「Bが二度と同じことを繰り返さないようにする」という固い共通目標を掲げていることを見立てた。既にこのときから，Bの心の苦痛をコンテインする環境が育まれる準備性は整っていたといえる。この見立てをもとにSCは，Bの心理特性や面接目標を担任や保護者らと共有する意義を吟味したうえで共有した。その後Bは担任，保護者そしてSCとの対話の中で自己表現の在り方を模索し続けた。関係者が各々Bの自己表現を支える関わりを続け，安全な環境が整っていく中でBは自らの「苦手」に目を向けるようになっていった。

　このように生徒の心が変化していくプロセスは，安全な環境が創造されていくプロセスと並行して生じている。この2つの実践例から，対象者の安全な環境は支援者のみで創るのではなく対象者と支援者，そして支援者同志の相互的な交流を通じて創られていくといえるだろう。心理臨床家の環境の「見立て直し」はこのように協働が展開し，相互交流を促す基点になると考える。

(3) 協働が発展するための要件：「有限性」への認識

　協働実践例で提示したように，特別支援学校の生徒も通常の学校に通う他生徒と等しく悩みがあり，SCの配置があってしかるべきである。彼らに接するSCは障害特性に応じた特別な知識とスキルの工夫を要するが，筆者の実感としてより一層の課題は，児童生徒および保護者に対面するSCの心の姿勢にあると考える。

　彼らは，持って生まれた認知機能の脆弱さとともに生きている。それは誰の計らいでもない。その脆弱さゆえに彼ら，そして家族が味わう心身の苦痛は，

第3部　見立ての実践

私たちの想像をはるかに超えるものであろう。私たちスタッフはその現実に接する苦痛に耐えきれず，さまざまな問題を無意識裡に自らの非力さに帰属して罪悪感に浸り込んだり，そうならないように現実を軽視することがあるかもしれない。しかし私たちは非力さをしっかりと心の内に留め置き，彼らのさまざまな表現に心を傾け，彼らの全存在について探索し続けるほかない。筆者はその探索を支える要素の1つに，私たち誰もが有する「有限性」への認識があると考えている（長谷，2019）。

　池田（2013）は，ハイデガーが『存在と時間』において，人間は究極の目的に向かって自らを完成し，その状態に休らう神的な存在ではないことを重く受け止め，自らの存在を決して意のままにできない非力さ／死の可能性こそを受け入れることに本来的な存在を見出していることに言及している。宮坂（2020）はこの池田（2013）の言及を引用し，ケア者側の死の可能性（弱さ）こそが協働的なケアを真に成立させる要件ではないかという「弱さの仮説」を説いている。

　本稿で示した協働実践例では，筆者も教諭らも保護者も各々が自らの有限性に痛み入り，それゆえに対話を重ねた。また，誰よりも生徒自身が誰にもわかり得ぬ苦しみを抱えながら対話を続けた。協働実践は各々が有限性を受け入れ，それでも何とか生き延びようと手を伸ばし，つながることで始まり，発展したといえるのではないだろうか。

　心理臨床の営みを含めたチームの協働は，生きた生命現象である（長谷，2019）。宮坂（2020）は「ケア者と被ケア者」の協働に言及しているが，筆者はそれに加えて「ケア者同士」をも含めた協働全体を生命現象として捉え，有限性－弱さの仮説－について今後も実証を重ねていきたい。

むすび

　本稿の趣旨にご賛同いただき，実践例の記載を承諾してくださったすべての方々に深謝いたします。そして長年，心理臨床家として「わからなさ／無知」

に真摯に対峙し，「見立て」の本質的意味を探究し続ける姿を私たちに見せてくださった髙橋靖恵先生に，心からの敬意を表します。

●文献

長谷綾子（2019）．心理臨床における環境的アプローチに関する実践研究――臨床家のかかわりをめぐる精神分析的考察．京都大学博士論文．

池田喬（2013）．死に至る存在としての人間――ハイデガーとケア．明治大学教養論集，**493**，145-167．

国立特別支援教育総合研究所（2010）．知的障害者である児童生徒に対する教育を行う特別支援学校に在籍する児童生徒の増加の実態と教育的対応に関する研究．平成21年度成果報告書，1-146．

宮坂道夫（2020）．対話と承認のケア――ナラティヴが生み出す世界．医学書院．

Obholzer, A.（1994）．Fragmentation and integration in a school for physically handicapped children. In A. Obholzer, & R. V. Zagier（Eds.），*The Unconscious at Work：Individual and Organizational Stress in the Human Service.* London：Routledge．武井麻子（監訳）（2014）．組織のストレスとコンサルテーション――対人援助サービスと職場の無意識．金剛出版，pp. 111-123．

下山真衣（2023）．知的障害特別支援学校におけるスクールカウンセリングの実態と適用上の課題の検討．科学研究費助成事業研究成果報告書．

髙橋靖恵（2024）．心理臨床実践において「伝える」こと――セラピストのこころの涵養．福村出版．

第11章

児童福祉領域における見立てと支援

佐々木 大樹

1. 見立てと支援の前提

(1) 安全の見立てと確保

　本章では,児童福祉領域,とりわけ児童相談所(以下,児相)における「見立てと支援」について,その前提から述べる。児童虐待(以下,虐待)の最終対応機関である児相の見立てにおいて,どの事例でも最初に必要になるのは,もう暴力が振るわれることがなく,現在は安全であり,これからもその安全が続くという安全の見立てと確保である。

　Putnam(1997/2001)は,安全という基礎的課題が看過されることがあまりに多いこと,安全の確保こそ治療の第一歩であり,それは一般に想像されるよりも遥かに困難であると指摘した。精神疾患の診断・統計マニュアル(Diagnostic and Statistical Manual of Mental Disorders: 以下,DSM)の児童・青年期の診断面接においても「学業不振」が主訴の場合,第一に考慮するのは「虐待・いじめ」という安全に関する事柄と,聴力・視力の障害である(Hilt & Nussbaum, 2016/2018)。虐待が主訴の面接であればなおさらであるが,「暴力を振るわれていないか」,

「一番，最近暴力を受けたのはいつか」と暴力被害について確認し，まず安全の確保を行う。

　臨床心理学や精神医学では，被害を問うこと自体「侵襲的」であり禁忌である，とする考え方がある。この考えは「問い」の有害性に関する警句として貴重である。同時に，この警句は「危機が過ぎ去った」ことが隠れた前提条件となっている。しかし，現在もまだ暴力被害を受けており，危機の最中にいる場合，問わずにいることは，問いの侵襲性とは比較にならないほど，トラウマティックな事態を看過することを意味する。それは問いによる有害性という知見と，眼前の暴力被害の有害性について，前提条件を意識化したうえで，臨床の場で思考・判断できるかが問われている事態である。

(2) 見立てと支援の関係

　たとえば，内科や外科における治療を考えたとき，基本的には，安定した対人関係を前提として見立てが進む。また，大きな流れとして「診断・見立て⇒治療・支援」をイメージする傾向にある。見立てをした「後」で，支援を「始める」という考え方である。一方，こうした関係を前提とした援助が難しいのが精神科医療であり，まず援助により関係を築く必要が生じる（神田橋，2024）。

　児相においても，暴力を振るう保護者や非行の事例では，支援への反発から，見立てを行ううえでの関係形成自体が課題となる。言い換えると，大きな流れ・マクロな流れとしての「見立て⇒支援」ではなく，その都度，つまりミクロに「見立てと支援」が近接的かつ連続的に行われる必要がある。たとえば，受付で待つ非行少年を出迎えに行き，座る姿を観察しつつ「あれ，髪切った?」と声をかけることは，以前のことを覚えているという関係への支援となっている。すなわち「見立て→支援」である。そして，歩調を合わせて部屋に案内することで不安・緊張の低減を試みつつ，児童と保護者が立ち上がる様子，足音，着席時の動作を感知していく。ここでは反対に「支援⇒見立て」となる。

第3部　見立ての実践

2. 児相における見立てと支援

　児相では「生物心理社会モデル（Bio-Psycho-Social model: 以下，BPS モデル）」（Engel, 1980）を基本的なフレームワークとすることで，見立てにおける漏れを減らすことができる。BPS モデルは，1970 年代に提唱された一般システム論に基づくモデルであるが，児相での有用性は現在も高い。以下では，BPS モデルに基づき，見立てと支援について述べる。

（1）生物的側面

　生物的側面の見立てにおいて重要になるのは，①網羅的に精神的「症候」をスクリーニングすること，②安全および身体疾患に注意を払うことである。たとえば，児童の秩序破壊的で攻撃的行動という，児相でもよくテーマとなる行動が主訴の場合，DSM では最初に「虐待・いじめ」の可能性を検討する（Hilt & Nussbaum, 2016/2018）。また「発達の遅れ」でも，第一に考慮するのは神経変性疾患に代表される身体疾患および聴力・視力の障害であること，神経変性疾患であれば「お子さんは一度獲得した技能や能力を失ったことはないでしょうか」（Hilt & Nussbaum, 2016/2018, p. 28）と問うことを推奨している。児相では診断が求められるわけではないものの，児童の不利益を考えた場合，身体疾患の可能性を想定し，受診状況を尋ね，リファーの検討が不可欠である。

　暴力被害および身体疾患を確認した後で，精神的な症候の把握を試みる。症候の把握に際し，児相でははじめから特定の症状に関する質問紙を用いることが多い。ただし，実際にはその前に，面接により症候の網羅的なスクリーニングを行うことは，クライエントに応じた支援につながりやすい。なぜなら，問われてはじめて，症状として語られるものも少なくないためである。DSM では，気分，幻覚・妄想，不安，強迫観念・行為，心的外傷，解離，食行動，排泄，身体への懸念，睡眠等を確認すべき症候として挙げている（Hilt & Nussbaum, 2016/2018）。

　具体的には，気分のうち，抑うつであれば「今までに，悲しみや抑うつ，落

ち込み，いらだたしさを感じていたことはありますか」，「そう感じることで，集中すること，眠ることが困難になったことはありますか」，発達の遅れであれば「学校に入学したとき，同級生とうまくやっていくこと，勉強についていくことに支障がありましたか」と問う（Hilt & Nussbaum，2016/2018）。なお，慣れていない場合や時間が取れない場合には，事前に症候を網羅する質問票を作成し，記入を依頼するのもよい。また，妊娠中の母自身の状況，具体的には母自身が穏やかに過ごせていたかについても確認する。なぜなら，児童の脳機能，特に扁桃体–HPA（視床下部–下垂体–副腎）調整システムという，ストレスを調整する機能の不全と胎生期との関連が示唆されているためである（Schore，2019/2023）。この把握は，児童の生得的な情動調整の資質について見立てるうえで役に立つ。

　以上，把握した症候はリファーだけでなく直接支援に活かしていく。たとえば心的外傷であれば，支援は身体的アプローチから芸術療法まで広く存在しており（van der Kolk，2014/2016），児相で実施可能なものもある。事実，van der Kolk（2014/2016, p. 433）は「臨床家の義務は，たった一つしかない。患者が良くなるのを手助けするために，できることなら何でもすること」と述べている。

（2）心理的側面

　心理的側面の見立ては「行動からパーソナリティ」まで多岐にわたり，しかも学派間・領域間の差も大きい。行動問題が持ち込まれやすい児相では，児童と保護者が関係する「行動の連なり」として，主訴を把握することが有益である。とりわけ「円環」で表現することにより，支援の糸口が見つけやすくなる。

　その際，活用しやすい視点として応用行動分析・認知行動療法・家族療法がある。これらは別々のルーツ・治療哲学をもつ支援法である。ただし，児相の現場から見ると，いずれも①症状前後の「行動・認知・感情」の移り変わりを丁寧に把握する，②ある行動が，前後関係によって「発生・維持・増減」されているという見方・仮説をもつ点で共通する。また，前後関係という直線的で，短めの時間幅で考えるより，円環として表現する方が支援上機能する場合が少なくない。

　ただし，一部の非行少年など，考えることそのものが苦手なクライエントの

場合，DV 加害者プログラム（RRP 研究会編著，2020）で用いられるような，よりシンプルで直線的な因果関係，たとえば「状況⇒認知⇒感情⇒行動⇒結果・影響」を描き，「認知の仕方で結果が異なる」という簡素化した模式図の方が有効である。そのため，クライエントに応じて模式図を使い分けるとよい。

　話を円環の把握に戻すと，まず支援者に馴染む支援法を上述の，応用行動分析・認知行動療法・家族療法の中から選ぶ。そのうえで，「A ⇒ B ⇒ C ⇒…⇒ A」という円環で主訴を表現する。その際，まず対人間の行動連鎖から描いていくとイメージしやすい。たとえば「子どもが問題を起こす⇒母親が注意を繰り返す⇒子どもが言い返す⇒母親がさらに注意をする⇒子どもが壁を殴り，穴をあける⇒母親が注意を止めて，父親に言う⇒父親が怒鳴る⇒子どもは暴力を止めるが，しばらくして，子どもが問題を起こす…」といった形である。これは「映像的な把握」でもある。この際，文字通り，紙に描きながら，クライエントと共に図を見て，意見をもらうことができると，互いの把握感が確かなものになる。

　次に，円環に登場する人によぎる考えや気持ちを，調査や想像をもとに書き加えていく。この際，認知行動療法のもつ「認知・感情・身体反応・行動」の視点が役立つ。たとえば「また同じことをしている，と苛立ち母親が注意する⇒子どもはイライラし，うるさいと言う⇒さらに苛立った母親が大声で注意を繰り返す⇒しつこいと感じて，壁を殴り，穴をあける⇒母親は怖くなり注意を止めるが，腹が立ち，父親に言い立てる⇒疲れている父親は苛立ち，事情も訊かず子どもを怒鳴りつける⇒子どもは恐怖で暴力を止めるが，そのかなしさと怒りは募り…」といった形である。

　また，同じ「壁を殴る」という部分でも，単に「苛立って，子どもが壁を殴り，穴をあけた」と把握するよりも「しつこいと感じ，いつも自分のことを理解してくれない，自分はいらない存在なんだと，かなしみと苛立ちを強く感じると同時に，喉や胸に何かが詰まるような感覚となり，親の声色によって頭の中を直接掻きむしられるようで耐えきれなくなり，壁を殴り，気づくと穴があいていた」とより細やかに把握できる方が望ましい。絵を描くことと似て，どの程度細やかに，かつ全体調和的に描きうるかは，支援者の力量に左右される。

第 11 章　児童福祉領域における見立てと支援

ただし，どこまで細やかに把握できたとしても，言葉で描く以上，それはデジタルな把握であり，現実の簡素化・デフォルメである。

「現実そのものではない」と聞くと「現実の劣化・下位互換」のように感じるかもしれないが，実際には 2 つの利益がある。1 つ目はクライエントにとっての利益であり，簡素化によって一時的な落ち着きを得やすくなる。原因がわからない，あるいは原因が入り組んでいるほど，不安や混乱が高まるためである。事態を一旦鎮静化する手段として，概念・数値で簡素化することも有効な手立てである。ただし，クライエントが事態に取り組む余裕が出た後は，事態をより詳細化していけるとよい。2 つ目は支援者にとっての利益である。見立てはあくまで言葉で切り取ったもの，「表現」したものであり，現実そのものではないという認識は，支援者の考えが常に「暫定的な仮説」であることを思い出させてくれる。この認識は，支援や支援者のあり方をより柔軟に保つ可能性を高める。

(3) 促進因と保護因の把握

「円環」を描く際，認知や行動に加え，当該の行動問題・症状の促進因と保護因を検討することが役に立つ。促進因と保護因の視点から円環を見直し，何がこの円環を維持・増強しているのか，反対に今以上にひどくなって「いない」のは，何がその進行を留めてくれているのだろうかと考えていく。この双方を考えることで，支援の糸口が見えやすくなる。

先の例でいえば，なぜ児童は壁を殴るに留まり，人への直接的暴力をせずにすんでいるのか，と考えてみることである。直接的暴力ではないから「問題がない」ということではない。しかし，行動・事態の変化を試みるときには，両要因を把握することが益をもたらす。特に参考となるのは，①生物的側面，②心理的側面を定量的・定性的に把握できる心理検査，③社会的側面である「対人環境・生活環境」の 3 点である。①はすでに述べ，③は次の項目で触れるため，ここでは②の心理検査に絞って述べたい。

たとえば，インテーク面接の段階で，言葉で考え，理解する力に課題があると予測するならば，知能検査を選択する。そのうえで，知能検査により言語理

145

第3部　見立ての実践

解の弱さが明らかになれば，円環を維持・増強する促進因として「言葉の苦手さ」を仮定する。時折，言語理解の苦手さ「から」暴力に至った，というように，検査結果を原因として，行動を「直接的」に説明しようとする所見を見かける。しかし，それは適切な見立て・所見とは言いがたい。なぜなら，言語理解の苦手さがあっても暴力を振るわない場合もまた多いためである。あくまでも「（円環的・直線的）因果関係の仮定」が先にあり，その促進因・背景因として，言語理解等の課題を予想したうえで検査を行い，その結果を解釈していく。この順番を意識すると，検査結果の過剰解釈を防ぎやすくなる。

　加えて，この円環が現在の状態に「留まっている・悪化していない」という点に着目し，検査結果の中から保護因を探索する。髙橋（2024）は，心理検査では問題点にフォーカスがなされやすいが，治療・教育可能性や得意なことを見出すこと，投映法であれば，ショックからの立ち直り・凌ぎ方にも着目することを推奨している。これは，保護因の探索であり，かつ後述する対処行動や資質を探すという，長期的な支援目標とも通底する重要な視点である。

（4）社会的側面

　児相の見立てにおける社会的側面とは，主に対人環境と生活環境である。この2点についてアセスメントし，その結果を「円環」と並べつつ，何が保護因・促進因になっているのか，仮定していく。とりわけ保護者自身の逆境的小児期体験を含む成育歴，家庭の経済状況，転居歴，親族関係，児童の成績・交友関係，学校での様子の把握が有効である。

　具体的な方法として，①ジェノグラムの作成と②家庭・学校等への訪問面接がある。①ジェノグラムであれば，クライエントと共に，家族や関係性を整理していくことで，家族への気持ちだけでなく，クライエントがどのような環境世界で生きているか，がより明確になる。また，②訪問面接では，来所では見えにくい仔細な様子が把握できる。家庭訪問であれば，家の中の清潔さや家具の設えだけでなく，軒先の植物や手入れの様子，玄関等にどのような写真や絵が飾ってあるのか，近隣・地域の空気感も知ることができる。学校訪問であれば，校内や教員の雰囲気，どういった様子で児童について語るのかを把握でき

る。社会的側面は，とりわけ保護因を仮定するうえで有効に機能し，保護者・教員等の肯定的な側面を探る中で，連携の可能性も見えることがある。

（5）フィードバック

以上のように，「円環」を直接的な因果関係と見なし，「生物的側面・心理検査の結果・社会的側面」は促進因・保護因，すなわち間接的要因と位置づけるとよい。なお，これが真実・正解というわけではなく，児相での支援における有効な仮説・整理にすぎない。

この仮説はクライエントにフィードバックする。ただし，児相では，児童や保護者が支援自体を望んでいない場合もある。虐待や非行ではその傾向が顕著となる。そのため，フィードバック時に見立てそのものが否定されることも生じる。ただし，虐待を行う保護者であれ，非行少年であれ，児相に来ること自体が苦痛という場合も含め，なんらかの「苦痛・不自由」は抱えている。そのわずかなニーズや関心を育む心持ちが支援に有効となる。

たとえば，見立てを否定し，来所自体が苦痛であることが推測された場合であれば「なるほど。いずれにしても，児相に二度と来ないためには，暴力を振るわない，同じことをしない，ということが求められる，という点については理解いただけたかなと思います」といった言葉をかけつつ，支援を進めていく。

通常，自ら心理療法を求めて来所し，見立ての相違が見られる場合には，先にすり合わせを行うことが支援の重要なプロセスとなる。児相でも基本的には同様であるものの，時に支援供給自体に反発するクライエントにも支援することが必要となる。そのため，従来の知見を継承しつつも，児相での支援のあり方を再構築していけるとよい。なお，すでに「原因は〜だと思う」というクライエント独自の仮説がある場合，たとえ極端に感じられる仮説だったとしても支援を考えるうえでは貴重な素材となる。そのため「その部分については重要なため，あらためて支援の中で触れたいと思います」といった形で大切に取り扱う。クライエントの仮説を支援テーマに組み込むことは，方法の案出だけでなく，相談意欲を育むうえでも有用となる。

第3部　見立ての実践

3．2種の目標

（1）近い目標

　児相の支援目標として，児童福祉法では「心身の健やかな成長・発達」と定められている。一方，児相が児童と保護者に関わる契機は，虐待や触法行為など，健やかな成長・発達以前の課題，「土台」を巡る課題である。つまり，児相の支援には土台の設えという「近い目標」と，心身の健やかな成長・発達という「遠い目標」の2種の目標が存在している。

　精神科医療における近い目標とはクライエントの抱える「苦痛」，「不自由」，「困りごと」の解決である（神田橋, 2023）。これは児相でも同様である。ただし，前述の通り，虐待加害や触法行為を巡る支援では，クライエントは苦痛や不自由があったとしても，児相の支援者には助けを求めず，支援自体に反発することも多い。しかも支援者側には「支援・介入をしなければならない」という法的な「縛り」が存在する。そのため「合意に基づいた目標設定〜支援の実行〜評価」という通常の支援の形をとることは容易ではない。ただし，こうした状況でも主体的関与の芽を探す感覚を保ち，合意の機会をうかがい，合意を試みることは，支援をクライエントにとって実りあるものにし，支援者の力量向上の機会ともなる。

　近い目標を支援するうえでは，円環のどこなら「緩めること・和らげること」ができそうか，という視点から支援内容を考え，クライエントに合わせ，マルチモーダルな選択肢から選ぶ。児相では，認知行動療法の方法論が役に立つことが多い。加えて，現況を数字に置き換えて，支援プロセスをモニタリングすること（古川, 2008）も有効になる場合も少なくない。数値は輪郭が明確であり，事態を鎮静化させるための道具として機能するためである。

　たとえば「今の状態は10点満点で何点ぐらいか」と尋ね，「1点上げるには」と問いかけていく。こうした数量化は，混乱した事態をひとまず沈静化・

148

相対化し，次に向けた行動を開始するうえで有効となる。しかし，家のリフォームにおいて組まれる「足場」と同じく，あくまで一時的に活用される仮設的なものであり，いずれ撤去される必要がある。数値の改善自体を目的とすることは，血圧の数値を健康の「目安・手段」ではなく「目標」と見なすことと似ている。児相において，こうした視野狭窄に陥らないためには次に述べる「遠い目標」の確認が有効となる。

（2）遠い目標

　短期間での課題解決が求められる児相では，施設等に措置されている児童の支援以外では遠い目標が論じられることは少ない。だが，見失われやすいがゆえに「遠い目標」が重要な意義を帯びる。児童福祉法でいえば，心身の健やかな成長・発達である。それは，衣食住が備わり，暴力という有害なものが除かれ，教育など有益なものが提供されたうえで，それぞれの児童に合った未来が築かれることである。特に「児童に合った」とは，児童自らが楽しみ，工夫しながら自身の資質を見立て，育むことである。つまり，見立てと支援とは本質的にクライエント自身が自らに行うものであり，支援者はその補助をしているにすぎない。神田橋（1994）が指摘したように，心理検査も心理学の理論もクライエントが活用する道具である。

　以下では，資質を育むことについて述べたい。資質を見立てる鍵は（1）症状を対処行動と見なすこと，（2）幼少期の行動を参考にすることの2点である。

　（1）では「『症状』を『不幸・苦しみ』への，『いのち』の対処活動」（神田橋，2023, p. 72）として見ることが鍵となる。症状・問題を忌むべき，消し去るものとして見ず，心身が不自由や苦しさに対処している状態として見る姿勢である。症状は①うつや食欲がない，頭が働かないといった「失った」の表れ，②暴力等の「対処努力」の表れ，の2種に分けられる。

　①には「頑張らない・無理をしない」，②には「方向を変える」，「対象を広げる」ことが基本的な指針となる（神田橋，2021）。言い換えると①は休息とセルフモニタリング（中尾，2022）の勧めでもあり，②は行動活性化（原田，2022）と代替行動の形成（横光ら，2022）の勧めでもある。特に②では，器物損壊や暴

第3部　見立ての実践

力であれば，サンドバッグを叩く，ボールを蹴る，いらないものを壊して捨てる，友人とスパーリングする，といった形で方向を変え，対象を広げる。

　また（2）では，保育園や幼稚園の時代に，どのような特徴があった児童かを確認する。（1）も（2）も，今後の生活を創るうえでの素材となる。これは「自分の薬をつくる」（坂口，2020）ことでもある。ここでの「薬」とは，創作・日課・生活等を意味している。過去を思い出す際，拠り所となるのは，当時の「気分」の記憶である（神田橋，2023）。夢中になれる，自分らしい，そのような気分を頼りにする。年齢が小さければ，保護者がそうした児童の様子を思い出すことから始める。

　具体的には，触れる・食べる等「感覚系」，動き回る・暴れる等「運動系」，読む・書く等「概念系」，人と関わる・動物を可愛がる等「関係系」，絵を描く・音を聴く等「芸術系」といった系統の中で，どれが特徴的だったか，何に夢中になり，没頭していたかを，共同で確認・研究する。あたりをつけるうえでは，食べ物の「好き嫌いが激しい」，音に「過敏」といった，ネガティブに表現されるものもヒントになる。資質は誰もが認める美点・長所に限らず，周囲にはネガティブに評価されうるような，しかし，当人は気がつくと「やってしまう・やっている」ような「摩擦的」なものの中に隠れている。

　あたりをつけた後は（1）の②と同じく，方向を変え，広げていく。ここでは，クライエントとブレインストーミング（伊藤，2010）でアイデアを出し合うとよい。なにより実際に「やってみる」ことが最も大切である。そして，結果について，クライエント自身が心地よさ・楽しさを感じるか，支援者は「幼児が示す，喜びと充実の雰囲気」（神田橋，2024，p. 140）があるか，つまり両者とも「主観・実感」を指標として，試みを振り返り，再び試していく。

　この試みの遥か先には「『個性・得意・欠陥・好み』のある心身を『治す』のじゃなくて，『気持ちがいい』，『気持ちが悪い』を指標に生きて，寿命を全うする」（神田橋，2022，p. 251）ことが控えている。これは，心理臨床学の文脈で考えれば，生きることへの「心的構え」（田嶌，2023）の根本的な変化であり，その人だけの，生きていく「物語の創造」（皆藤，2024）でもある。

まとめ

　児相での見立ては，BPS モデルを参考にして，行動・症状の直接的要因を円環・直線で描き，その促進因・保護因を想定する協働的なプロセスである。また，見立てと支援とは不二・一如である。2 種ある目標のうち，近い目標は課題解決という「ゴール・終わりあるもの」を目指し，遠い目標は資質を活かして生きるという「スタート・終わりのないもの」を目指す。シビアに課題解決が求められる児相ゆえに双方の目標の支援を試みることは，支援の場を「問題処理場」にすることを避け，心地のよい創造的な場所へと変えうるかもしれない。

◉文献

Engel, G. L. (1980). The clinical application of the biopsychosocial model. *American Journal of Psychiatry*, **137** (5), 535-544.

古川壽亮（日本語版監修・解説）(2008). Beck & Beck の認知行動療法ライブセッション. 医学書院.

原田誠一 (2022). 精神療法の基礎と展開――「受容〜共感〜一致」を実践するために. 金剛出版.

Hilt, R. J., & Nussbaum, A. M. (2016). *DSM-5 pocket guide for child and adolescent mental health*. Washington, D. C.: American Psychiatric Association Publishing. 髙橋三郎（監訳）染矢俊幸・江川純（訳）(2018). DSM-5　児童・青年期診断面接ポケットマニュアル. 医学書院.

伊藤絵美 (2010). 認知行動療法 実践ワークショップ I――ケースフォーミュレーション編 (1). 星和書店.

皆藤章 (2024). それでも生きてゆく意味を求めて――こころの宇宙を旅する. 致知出版社.

神田橋條治 (1994). 追補 精神科診断面接のコツ. 岩崎学術出版社.

神田橋條治 (2021).「心身養生のコツ」補講 50. 岩崎学術出版社.

神田橋條治 (2022).「心身養生のコツ」補講 51 〜 104. 岩崎学術出版社.

神田橋條治（2023）．精神援助技術の基礎訓練．岩崎学術出版社．

神田橋條治（2024）．精神科治療のコツ．岩崎学術出版社．

中尾智博（2022）．精神療法の理論と実践——日常臨床における面接技法．金剛出版．

Putnam, F. W. (1997). *Dissociation in Children and Adolescents: A Developmental Perspective*. New York: Guilford Press. 中井久夫（訳）(2001)．解離——若年期における病理と治療．みすず書房．

RRP研究会（編著）(2020)．DV加害者プログラム・マニュアル．金剛出版．

坂口恭平（2020）．自分の薬をつくる．晶文社．

Schore, A. N. (2019). *The Development of the Unconscious Mind*. New York: W. W. Norton & Company. 筒井亮太・細澤仁（訳）(2023)．無意識の発達——精神療法，アタッチメント，神経科学の融合．日本評論社．

田嶋誠一（2023）．イメージ療法における感情との「つきあい方」——「受容的探索的構え」と「あるがまま」．精神療法，**49**（2），76-78．

髙橋靖恵（2024）．心理臨床実践において「伝える」こと——セラピストのこころの涵養．福村出版．

van der Kolk, B. (2014). *The Body Keeps the Score: Brain, Mind and Body in Healing of Trauma*. New York: Viking. 柴田裕之（訳）(2016)．身体はトラウマを記録する——脳・心・体のつながりと回復のための手法．紀伊國屋書店．

横光健吾・入江智也・田中恒彦（編）(2022)．代替行動の臨床実践ガイド——「ついやってしまう」「やめられない」の〈やり方〉を変えるカウンセリング．北大路書房．

終　章

髙橋 靖恵

1. 「見立て」の重層性

　この度京都大学を退職するにあたり，その記念出版として「見立て」をテーマとして珠玉の論文をお寄せいただいた先生方にまず深謝申し上げたい。本書の構成は，編者の西見奈子准教授と共に審議を重ねて，「第1部　精神力動的な見立て」，「第2部　見立てにおけるイメージの活用」，「第3部　見立ての実践」として，組み立てることとなった。このこと自体が，ひと言に「見立て」といってもその幅広さや奥深さを物語っている。つまり，「見立ての重層性」である。

　各章に「見立ての観点」について，著者それぞれの視点から述べられているように，初回面接やインテークそしてアセスメント面接と，現場や学派によって心理療法のはじまりについての名称は異なる。しかし共通して，そこで語られた内容のみから見立てるのではなく，クライエントの表情，ふるまい，その際の語りや言葉といったことから，多角的に組み立てていく作業だと考えられる。

　筆者も，主訴を中心にクライエント（患者）の語りに耳を傾けながら，症状や問題について，いつ頃から，どのように感じられてきたのか，誰がそれにかかわっているのかを，こころの中で組み立てていく。何らかの問題が訴えられるときに，その背景として必ず家族関係の理解を進めていく。それは，クライ

エント（患者）の再早期記憶ではもちろんのこと，繰り返す夢といった情緒的な在り方を見立てていく際にも，常に筆者のこころの中で，家族とのかかわりをみているからである。対人関係のもち方については，両親との関係性や，きょうだい，祖父母との関係なども確認していくが，そこには，現在の問題に彼らとの関係性の反復を捉えようとする視点がある。その観点の記載は，概要だけでも大部になってしまうように，見立てには「重層性」が必要なのである。そして，面接の「はじまり」において彼らが語ったことは，心理療法が進んでいくうちに変容していく。そこも含めて，多角的に重層的に，彼らのライフヒストリーを追いながら見つめていくことになる。そうした視点そのものが，心理療法にも活かされていく。

　馬場（1997）においても，見立ての目標として，「さまざまな問題を抱えてくるクライエントについて，その問題の内容を解り，その生き方のひずみがどのように成り立っているかを探り，解決のための方針を立てることである（下線は，筆者による）」としたうえで，多くの見立ての素材とその組み立て方について解説している。その訓練のために，スーパーヴィジョンの有効性を示している。この「生き方のひずみ」が，どこからきているのかを理解するためには，セラピストの多角的，多層的な視点が必要なのはいうまでもない。セラピストが，いつも同じ視点で，クライエントを理解しようとするならば，それは極めて狭小な視点に留まる。現代の問題でいえば，「発達障害か否か」に注意が向けられるあまりに，パーソナリティの特性や環境とのかかわり方を見逃している場合がそれにあたる。

　現代のこころの問題の複雑化に伴って，いままさに起きている事柄について，検討できるカンファレンスへの参加やスーパーヴィジョンを受けることが，幅広い視野を育成する。

2.「見立て」の相互性

　本邦での見立てのルーツを辿り，土居（1992, 1996）が本書の各章で引用さ

れている。心理的診断でも，アセスメントでもなく，いわんや医学的診断でもない「見立て」という言葉は，これらの論文に始まるといってよいだろう。さらに遡ると土居（1961）に，「治療の開始」として，精神療法の開始は，患者の診断と同時にしているものとして，次のように述べている。「ここでいう診断は，単に患者に病名をつけることをいうのではない。勿論患者の病状ないし問題がいかなる性質のものであるか，精神医学的見地から十分に調べる必要があるであろう。…中略…これらによって患者の病前の人柄がわかるとともに，現在病んではいるがなおかつ存在している健康な面についても，大凡の見当をつけることができるからである。患者の健康な面を知ることは，治療上重大な意義を持っている。概して健康な面が大きければ大きいほど，治療は容易となると考えられるからである」（土居，1961，pp. 69-70）。ここで，「治療者が以上述べたごとき幾つかの点に留意しつつ患者の話を聴いている間，実は患者の方でも治療者をそれとなく探っていることを知らなければならない」（土居，1961，pp. 71）として，「双方の探り合い」から治療が開始されていることを強調している。非常に初期の段階から，つまり一者心理学的な「ブランクスクリーン」として治療者があるべきと謳われていた時代から二者心理学への転換期において，患者にみられている治療者の在り方を問うているのである。この「見立ての相互性」は，見逃されがちな視点であろう。

　それではこれは一体どのようなときに現れるのであろうか。心理臨床家なら誰しも，初回面接や導入（診断）面接時に，主訴にまつわるこれまでの経緯などを尋ね，その背景を確認していく際に多くの謎に包まれていることを体験しているはずだ。家族のことを尋ねる際に，最初に語るのは誰なのだろうか，それはどのようなエピソードからなのだろうか，問題が社会的な対人関係をもとにした場合は，そのきっかけや関係性やどのように語るのであろうか。そこには，「母によれば…」とか，「上司は…」といった具合に，他者が語った言葉から始まる場合は，一体クライエント自身はどう感じているのだろうかというような疑問が生じる。堰を切ったように，一気に困りごとを訴える場合も，どこか肝心なことが抜けているとセラピストが感じることがある。これらの場合，無意識的にはクライエントがセラピストを見立て，どこから話したらわかって

くれるのだろうかと考えながら話しているのかもしれない。時系列にまとまりを欠き，いつどこで，何が起きたかが不明確な場合もありうる。この混乱が，クライエント自身の発達上の問題や現在の症状によるのか，それとも，どこから話していったらよいか，目の前のセラピストは信頼できるのかを「見立てて」いるのかを考えながら，我々は彼らの話に耳を傾ける。

　これらの疑問は，面接が進行していくうちに紐解かれていく。クライエント自らが，過去に相談した体験やそこでの傷つきを語ることもあるだろう。心理アセスメントにおいては，私自身「最初の数回の面接や心理検査で，一方的に心を覗かれている気がしている」といった言葉も耳にしている。

　すなわち，見立ての相補性を活かすためには，そのフィードバックの際に，決して一方的ではなく，クライエントの感覚を確かめながら，セラピストの理解を伝えていく対話をも含んだ立体的ともいうべき見立てによって，面接の導入を諮っていくことになろう。見立てのフィードバックをめぐる両者の対話をさらに俯瞰して理解する視点である。

　これらを経て，治療契約が成立していく。治療構造は，この見立てによって頻度や場所や対面かどうかなども含めて設定される。したがって，心理療法の進行にともなって，クライエントが頻度や曜日時間について変更を申し出た場合も，この両者の理解をもとに話し合うことが可能である。そうして，環境の変化に対する反応や，セラピストにとって新規な登場人物とのかかわりが語られること，そして，上記の申し出などから，見立てなおしともいうべきことが起こりえる。クライエントもセラピストもそして，心理療法も動いている。生きた見立てを共有していくことが望まれる。

3. あらためて振り返る自我心理学からの学び

　先の土居（1961）の引用を辿ると，健康な面に注目する「力動的な見立て」つまり，自我心理学的な見立ての視点について，強調しているといえる。筆者が前書（髙橋，2024）においても引用した深津の「精神力動的視点」は，まさ

しく自我心理学的なものであった。ここに再掲する。『家族心理学ハンドブック』における「精神力動的観点」について，「①個人の言動の背景には本人自身が意識しない無意識的な動機付けや意図が関与している。②この無意識的な動機付けや意図は互いに葛藤し合っており，個人の言動はこの葛藤をめぐって，自我が調整し，妥協して表現したものである（妥協形成）。③このような心理過程は個人が生まれて以来，一貫した連続性をもってはたらき続けている（中略）。④個人の連続性だけではなく，常態と病態の連続性がある。（中略；ここでは例えばクライエントの適応的な側面にも注目できるということを例示している）。⑤この心理過程は個人の心と身体のバランスの維持（ホメオスタシス）の側面と環境や社会への適応に努める社会心理的側面がある（深津, 2019）。」このような観点から，家族全体をみていくとき，やはり誰かを悪者にするのではない，円環的な理解，つまりそこにある関係性を読み解く姿勢がみてとれる。家族療法は，もともと米国での精神力動論をその礎にしていることに鑑みれば，自我心理学の視点に立ち戻ることが可能である。

　この健康な部分としての自我発達と危機をとなえたのは，Erikson, E. H. であり，その発達斬成説といわれるひとの誕生からその終焉までの発達段階にそって，まとめられている。このプロセスの中にある，達成すべき課題と危機はいわゆる生きる情動と死の衝動からの展開と理解できる。ひとの発達には，すべて完璧にできるはずがなく，必ず危機が訪れる。それを乗り越えてもまた，次の段階で危機に遭遇する。こうした繰り返しの中にも，達成できるいわゆる健康な部分を見出す必要性が理解できる。

　Bion, W. R. が提唱する「精神病人格と非精神病人格」は，Klein, M. が，発達段階ではなく，ひとのパーソナリティを対象関係理解によって，こころのポジションとして捉える見方をもつため，その源は上記の理論展開とは異なる。しかし，この非精神病部分を理解する視点はもちろん，見立ての作業に重要になる。

　現代の筆者自身は，自我心理学から少し離れ，Bion, W. R. や，後期 Bion の理論を支持する独立学派に学ぶところが大きくなっている。それでも，精神力動論を学び，ロールシャッハ法を中心とした投映法を理解して実践してきた経

験から，問題を理解しつつ，健康な側面，支援可能な側面を見立てに加えて，こころに留め置くことが，染みついているのだろう。それは，筆者の心理臨床実践の「見立て」において，大切なことなのだろうと考える。

4. むすび

　こうして，いよいよ退職を迎えるにあたり，心理臨床実践に貢献できる書籍を編むために西見奈子准教授と協議してきた日々を重ね，完成を迎えられた。西先生にまず感謝申し上げます。

　心理臨床家としての私がここまで辿った道のりには，大変多くの先生方にお世話になりました。名古屋大学大学院での初期教育を受け，スーパーヴィジョンをうけながらおずおずと心理臨床の道を歩みはじめた私は，その指導者としての在り方を愛知淑徳短期大学（現愛知淑徳大学）の先生方から学びました。その後の九州大学大学院人間環境学研究院では，大学運営から大学院教育に至るまでのさまざまな指導をいただいて，京都大学大学院教育学研究科の教員メンバーとなりました。本研究科の先生方，とりわけ臨床心理学講座の先生方，そして臨床実践指導者養成コースならびに研究者養成コースの大学院生諸氏には，心から感謝申し上げます。

　京都大学において，私の教育者，研究者，臨床実践指導としての立ち位置を支えていただいた臨床実践指導者養成コースは，今年で21期生を迎える歴史を刻んでいます。心理アセスメントと心理療法，そして心理臨床スーパーヴィジョンの歩みを進めることができたのは，このコースでの体験が極めて大きいものでした。藤原勝紀名誉教授と皆藤章名誉教授とで創設されたコースを，西見奈子准教授と共に紡いできた年月を振り返ると，感慨深いものがあります。

　先生方にはあらためて，深く御礼申し上げます。

　他方，この10数年は，精神分析的精神療法家として，これまでの心理アセスメントと心理療法をつなぐ実践研究，スーパーヴィジョン研究を振り返り，まとめる端緒につくことが叶いました。これには，鈴木智美先生，岡田暁宜先

生，松木邦裕先生，大橋一恵先生，そして北山修先生をはじめ多くの先生方からのご指導をいただいたおかげと心から深謝申し上げます。

また，筆者の実践活動を支えてくださっています，医療法人泯江堂理事長である三野原義光先生をはじめ油山病院の先生方にこの場を借りましてお礼申し上げます。

この道は，これからもまだ深めていかねばなりません。ようやくスタート地点に立ったところと思っています。

それゆえ，ここ数年にわたって，私の精神分析的オリエンテーションを支えてくださった先生方が天に召されたことは，未だ信じがたく，寂しく残念に思っています。乾吉佑先生，馬場禮子先生，そして前田重治先生のご冥福をお祈り申し上げます。先生方を想うとき，若松（2015）の言葉が私の支えになります。若松は「逝った大切な人を思うとき，人は悲しみを感じる。だがそれはしばしば，単なる悲嘆では終わらない。悲しみは別離に伴う現象ではなく，亡き者の訪れを告げる出来事だと感じることはないだろうか」と述べ，さらに次のように添えています。「出会った意味を本当に味わうのは，その人とまみえることができなくなってからなのかもしれない。」そして，「あなたに出会えてよかったと伝えることから始めてみる。相手は目の前にいなくてもよい。ただ，心のなかでそう語りかけるだけで，何かが変わり始めるのを感じるだろう。」と，むすんでいます（若松，2015）。多くの先達に支えられて，今私はここにいること，学んだことが活かせるのはこれからかもしれないと思いなおしています。

最後に，私自身の分担執筆書は福村出版による，久世敏雄編『青年の心理を探る（INTRODUCTION TO PSYCHOLOGY 4)』（髙橋（城野），1989）「5章　青年の人格と適応　3節　青年期と適応，4節　現代青年における不適応の諸相」にはじまります。ゆえに，本書がまた福村出版による支援をいただくご縁にも恵まれたと思います。私の心理アセスメント関連書籍を含め，常に敏腕編集者の井上誠氏の支援をいただいてきたことに，ここにあらためて感謝の意を表したいと思います。

本書ならびに執筆者一同を含め，筆者自身の歩みにおいても，引き続き諸先生からのご指導をお願い申し上げます。

先生方から導いてくださったことを，私の力の限りにおいて，若手の心理臨床家に「心理臨床のこころ」の諸相として伝えていくことを決意して，本書のむすびとします。

本書が幅広い読者に届いて，
心理臨床実践の礎になることを切に願っています。
朝夕の澄み渡る空気に冬の到来を感じながら

2024 年 11 月

●文献

馬場禮子（1997）．見立ての訓練——臨床心理士の場合．心理療法と心理検査．日本評論社，pp. 141-148.

Bion, W. R. (1988). Differentiation of the Psychotic from the Non-psychotic Personalities. In E. B. Spillius (Ed.), *Melanie Klein Today, Vol. 1: Mainly Theory*. Routledge, pp. 61-78. 松木邦裕（監訳）（1993）．精神病人格と非精神病人格の識別 メラニー・クライン トゥデイ①——精神病者の分析と投影同一化．岩崎学術出版社，pp. 73-96.

土居健郎（1961）．精神療法と精神分析．金子書房．

土居健郎（1992）．新訂 方法としての面接——臨床家のために．医学書院．

土居健郎（1996）．「見立て」の問題性．精神療法，**22** (2), 118-124.

Erikson, E. H. (1959). *Identity and the Life Cycle*. WW Norton & Company. 西平直・中島由恵（訳）（2011）．アイデンティティとライフサイクル．誠信書房．

深津千賀子（2019）．Ⅱ-2 精神力動論．日本家族心理学会（編）家族心理学ハンドブック．金子書房，pp. 50-57.

髙橋（城野）靖恵（1989）．5 章 青年の人格と適応 3 節 青年期と適応，4 節 現代青年におけ

終　章

る不適応の諸相　久世敏雄（編）　青年の心理を探る（INTRODUCTION TO PSYCHOLOGY 4）. 福村出版, pp. 128-145.

髙橋靖恵（2024）. 心理臨床実践において「伝える」こと――セラピストのこころの涵養. 福村出版.

若松英輔（2015）. 悲しみの秘義. ナナロク社.

▶編者紹介

西 見奈子（にし・みなこ）

京都大学大学院教育学研究科教育学環専攻臨床心理学講座准教授。
九州大学大学院人間環境学府博士後期課程単位修得退学。博士（心理学）。
近畿大学九州短期大学准教授を経て，現職。
専門は臨床心理学，精神分析。臨床心理士，国際精神分析学会（IPA）認定精神分析家。
主な著書に『いかにして日本の精神分析は始まったか——草創期の5人の男と患者たち』
（著）みすず書房　2019年，『子どもとかかわる人のためのカウンセリング入門』（編著）萌
文書林　2010年，『京大心理臨床シリーズ12　いのちを巡る臨床——生と死のあわいに生き
る臨床の叡智』（分担執筆）創元社　2018年，『「臨床のこころ」を学ぶ心理アセスメントの
実際——クライエント理解と支援のために』（分担執筆）金子書房　2014年，『ライフステー
ジを臨床的に理解する心理アセスメント』（分担執筆）金子書房　2021年，『精神分析にとっ
て女とは何か』（編著）福村出版　2020年，『心理臨床に生きるスーパーヴィジョン——その
発展と実践』（共編著）日本評論社　2024年，他。

▶執筆者紹介

＊所属・肩書は執筆当時

西 見奈子（にし・みなこ）	編者	序章
日下紀子（くさか・のりこ）	ノートルダム清心女子大学人間生活学部教授 谷町こどもセンター・関西心理センター顧問	第1章
淀 直子（よど・なおこ）	鈴鹿医療科学大学保健衛生学部 医療福祉学科准教授	第2章
西尾ゆう子（にしお・ゆうこ）	渡辺カウンセリングルーム	第3章
元木幸恵（もとき・さちえ）	中部大学人文学部心理学科講師	第4章
新居みちる（あらい・みちる）	山梨英和大学人間文化学部人間文化学科准教授	第5章
鍛冶美幸（かじ・みゆき）	文教大学人間科学部臨床心理学科教授	第6章
小山智朗（こやま・ともあき）	京都先端科学大学人文学部心理学科教授	第7章
浅田剛正（あさだ・たかまさ）	新潟青陵大学福祉心理子ども学部臨床心理学科／ 大学院臨床心理学研究科教授	第8章
石井佳葉（いしい・かよう）	就実大学教育学部教育心理学科講師	第9章
長谷綾子（はせ・あやこ）	香川大学医学部臨床心理学科准教授	第10章
佐々木大樹（ささき・だいき）	東海学園大学心理学部准教授 愛知県海部児童・障害者相談センター	第11章
髙橋靖恵（たかはし・やすえ）	監修者	終章

▶監修者紹介

髙橋靖恵（たかはし・やすえ）

京都大学大学院教育学研究科教育学環専攻臨床心理学講座教授。
名古屋大学大学院教育学研究科博士後期課程満期退学。博士（教育心理学）。
九州大学大学院人間環境学研究院准教授を経て，現職。
臨床心理士，日本精神分析協会精神分析的精神療法家，家族心理士，公認心理師。
主な著書に『コンセンサス　ロールシャッハ法——青年期の心理臨床実践にいかす家族関係理解』（著）金子書房　2012年，『新・青年心理学ハンドブック』（分担執筆）福村出版　2014年，『「臨床のこころ」を学ぶ心理アセスメントの実際——クライエント理解と支援のために』（編著）金子書房　2014年，『ロールシャッハ法解説——名古屋大学式技法』（共編著）金子書房　2018年，『京大心理臨床シリーズ12　いのちを巡る臨床——生と死のあわいに生きる臨床の叡智』（共編著）創元社　2018年，『家族心理学ハンドブック』（共編著）金子書房　2019年，『ライフステージを臨床的に理解する心理アセスメント』（編著）金子書房　2021年，『心理臨床に生きるスーパーヴィジョン——その発展と実践』（共編著）日本評論社　2024年，『心理臨床実践において「伝える」こと——セラピストのこころの涵養』（著）福村出版　2024年，他。

心理臨床における「見立て」
こころの支援にむけて見立ての本質的意味を探究する

2025年3月21日　初版第1刷発行

監修者	髙橋靖恵
編　者	西 見奈子
発行者	宮下基幸
発行所	福村出版株式会社

〒104-0045　東京都中央区築地4-12-2
　　　　　　電話　03-6278-8508　FAX　03-6278-8323
　　　　　　https://www.fukumura.co.jp

印　刷　株式会社文化カラー印刷
製　本　本間製本株式会社

©2025　Yasue Takahashi, Minako Nishi
ISBN978-4-571-24126-0　C3011　Printed in Japan
落丁・乱丁本はお取替えいたします。定価はカバーに表示してあります。

福村出版◆好評図書

高橋靖恵 著
心理臨床実践において「伝える」こと
●セラピストのこころの涵養

◎2,300円　ISBN978-4-571-24113-0　C3011

心理臨床の基本である「伝える」とは何か。40年にわたる心理臨床実践者，33年にわたる大学教員としての思考。

T. D. イールズ 著／津川律子・岩壁 茂 監訳
心理療法における ケース・フォーミュレーション
●的確な臨床判断に基づいた治療計画の基本ガイド

◎4,500円　ISBN978-4-571-24095-9　C3011

クライエントが直面する問題を特定し，それらの問題に対処する計画策定のための単純明快な方法を示す書。

L. ボスコロ・P. ベルトランド 著／亀口憲治 監訳／下川政洋 訳
心理療法における「時間」の役割
●ミラノ派システミック家族療法の実践

◎6,000円　ISBN978-4-571-24109-3　C3011

臨床心理学的「時間」とは何か。心理療法における「時間」の役割を，詳細な事例検証を通して包括的に論じる。

西 見奈子 編著
精神分析にとって女とは何か

◎2,800円　ISBN978-4-571-24085-0　C3011

フェミニズムと精神分析の歴史，臨床における女性性，日本の精神分析，更にラカン派の女性論まで検討する。

C. ソレール 著／松本卓也・河野一紀・N. タジャン 訳
情 動 と 精 神 分 析
●ラカンが情動について語ったこと

◎3,800円　ISBN978-4-571-24115-4　C3011

ラカン的精神分析の第一人者によるラカン理論を通じた情動論。ラカンが随所で論じた諸々の情動論をひも解く。

C. モーソン 編／福本 修 監訳／立川水絵 訳
ウィルフレッド・R・ビオン 長い週末
●1897-1919

◎6,000円　ISBN978-4-571-24122-2　C3011

ビオンの生い立ちから彼の人生を変えた戦争体験までを扱った自伝。ビオンの著作を読み解くのに必携の一冊。

C. モーソン 編／福本 修 監訳／圭室元子 訳
ウィルフレッド・R・ビオン 我が罪を唱えさせよ
●天才の別の側面／家族書簡

◎5,500円　ISBN978-4-571-24123-9　C3011

ビオンの後半生に焦点をあてた自伝。妻や子供と交わした書簡の中から，彼が抱える魂の葛藤が浮かびあがる。

◎価格は本体価格です。